Rudolf Eckart

Der deutsche Adel in der Literatur

Biographisch-kritische Essays

Rudolf Eckart

Der deutsche Adel in der Literatur
Biographisch-kritische Essays

ISBN/EAN: 9783743675476

Hergestellt in Europa, USA, Kanada, Australien, Japan

Cover: Foto ©Thomas Meinert / pixelio.de

Weitere Bücher finden Sie auf **www.hansebooks.com**

Der deutsche Adel

in der Litteratur.

Biographisch-kritische Essays

von

Rudolf Eckart.

Eingeleitet von **Oldwig von Nechtritz.**

Berlin.

J. A. Stargardt

1895.

Vorwort.

Die vorliegenden biographisch-kritischen Essays sind zuerst im „Deutschen Adelsblatt" nach und nach zur Veröffentlichung gelangt und erscheinen nun hier zum ersten Male in Buchform.

Wie der deutsche Adel dem Volke durch kriegerische Großthaten und Heldenmuth leuchtende Vorbilder geschaffen hat, so kann ihm auch selbst grundsätzliche Gegnerschaft seine hervorragenden Verdienste um die stetige Förderung unseres Geistes- und Kulturlebens nicht absprechen.

Die nachfolgenden Blätter können natürlich nicht auf Vollständigkeit Anspruch machen, vielmehr muß dies einer späteren Publikation vorbehalten bleiben, welche hoffentlich in nicht allzuferner Zeit folgen wird.

Der Verfasser wird gern und mit Dank weiteres Material für die Fortsetzung dieser Lebensbilder entgegennehmen.

I.

Von den ältesten Denkmälern deutscher Dichtung bis zur Gegenwart.

Von Oldwig von Uechtritz.

In dem Augenblicke, in welchem wir uns anschicken, der litterarischen Thätigkeit unseres deutschen Adels der Gegenwart ein Sonder-Denkmal zu setzen, da fehlte es uns nicht an, den Tiefen unserer Seele entsteigenden Warnerrufen. Wenn gleichwohl wir zahllosen sachlichen Schwierigkeiten und nicht weniger jener landläufig feindseligen Kritik, welcher niemand entgeht, der vom Adel zu schreiben wagt in unseren Tagen, trotzen zu müssen meinten, so war es wesentlich historisches Gerechtigkeitsgefühl, welches solches in uns wirkte. Keine Volksgruppe, kein Stand, dessen Charakterbild, getragen von der Gunst und Ungunst der Parteien, je solchen Schwankungen in der Geschichte unterworfen gewesen wäre, als das des Adels.

Der dem Deutschen ganz vorzugsweise innewohnende Hang zur Romantik und kaum weniger niedrige Schmeichelsucht haben der glänzenden Außenseite des Standes, welche doch einzig und allein in dessen stärkerer und verinnerlichter Pflicht-Erfassung die ausgleichende Ergänzung findet, häufig weit über das Maß hinaus gehende Huldigungen dargebracht. Was aber bedeuten die Verirrungen nach dieser gegen die Versündigungen nach entgegengesetzter Seite, gegen die Summa von Schmähungen, mit der die den zersetzenden Mächten dienstbare Presse fort und fort den Stand überschüttet, welcher sich

1*

einst als der führende der Gesellschaft ansehen durfte und in dessen heute lebenden Vertretern unseres deutschen Reiches kaiserliches Oberhaupt noch immer die „Edelsten der Nation" erkennt?

Gerechtigkeit ziert den Menschen, ziert ein Volk! Gerechtigkeit drum auch unserem Adel, wie streng immer man Fehl= und Ausschreitung einzelner seiner Glieder richten mag und soll. Der Objektivismus seiner zahlreichen liberalen Widersacher pflegt den Adel mit Vorliebe als eine fast ausschließlich materiellem Lebensgenuß zugewandte, allem geistigen Aufschwung abholde Kaste hinzustellen. Wir meinen, ein Blick in die litterarhistorische Vergangenheit unseres Volkes müßte genügen, jedem, der nicht absichtlich das Auge vor ihren Gedenksteinen schließt, eher das Gegentheil solcher Behauptungen darzuthun.

Wahrlich nicht mit ritterlichem Schwertschlag allein hat der deutsche Adel der christlichen Kultur die Bahn gebrochen zu den Burgwällen der Slaven und den Götzenhainen der wilden Preußen und Litthauer. Adlig Rüstzeug, abliger Mannen Thatkraft, sie haben nicht bloß die Anfänge alle späteren Gesittung ermöglicht und beschützt. Wir glauben nicht zu weit zu gehen, wenn wir behaupten, daß es im wesentlichen der gleiche Geist, der dort so mächtig gewirkt, gewesen ist, welcher überhaupt die ersten goldenen Früchte unserer grundlegenden civilisatorischen Arbeit zu zeitigen vermochte. Erst mit dem heranwachsenden Reichthum und der daraus folgernden erhöhten Bedeutung der Städte erstand Bürgerthum, gebildetes Bürgerthum in unserem heutigen Sinne, fand dasselbe mehr und mehr die Kraft, den mit der Kirche verfallenden Adel in der geistigen Leitung unserer Kulturentwicklung wenigstens theilweise abzulösen.

Mit vollem Recht stellt man die alte Kirche als die Begründerin und Trägerin, als das Fundament des ganzen, auch unseres modernen Kulturlebens hin. Es war die milde, verklärende Lehre des Gekreuzigten, welche das letztere den rauhen Sitten unserer Altvordern versöhnte. Die ehrwürdigen Verkündiger und Förderer der Segen und Gesittung jeder Art verbreitenden Lehre, die Männer der Kirche, sie waren nicht zum wenigsten auch Männer des Adels. Nicht umsonst trug der Schwertgriff die Kreuzesform. Die Kirche der mittelaltrigen Blüthezeit fand sich, zumal in ihren höheren Gliederungen, im Adel wieder, und dieser in ihr. Als die Kirche zu verweltlichen begann, als sie herabstieg von der Höhe ihrer Aufgabe, da sank auch jene Ritterschaft in den Staub, die einst, das „Gott will es" auf den Lippen und das Kreuz auf der Brust, dem Zuge hehrster Ideale gefolgt.

Kirche, Königthum und Adel sind allzeit parallele, wo nicht gleiche Bahnen gewandelt, haben fast stets gemeinsam, ein jeder an seinem Theil, Verdienst und Schuld, Auf- und Niedergang der Kulturent-wicklung ihrer Zeit mitgetragen. Dafür bringt jede Epoche derselben sprechende Beläge.

Im frühen Mittelalter waltete der Adel nicht bloß des Episkopats und der höheren Klostergeistlichkeit mit all dem ernsten Streben und dem organisatorischen Eifer, welche die Thätigkeit der damaligen Hierarchie charakterisiren, er bevölkerte auch in zahlreichen seiner Söhne die stillen Zellen und die weiten Hallen der Klosterschulen. Müssig-gang aber war nicht Sache unserer alten Ordensleute. — Streber und Gründer, in dieses Worte edelster Bedeutung, gewannen der missio-nirenden Kirche rastlos thätige Söhne, der Kulturarbeit Fuß um Fuß germanischen Bodens. Hier Sümpfe austrocknend und den Urwald rodend, speicherten sie dort in den neu erstandenen Niederlassungen unter dem Schutz des Kreuzes die Schätze der Wissenschaft der ver-sinkenden Welt auf.

Was von jener wir wissen, wessen so stolz die klassische Bildung der Gegenwart sich rühmt -- das alles vermittelte unseren Tagen die fleißige Hand der Mönche, der Urväter jedweder auch der modernen Wissenschaft und Kunst. Da mag denn wohl auch der dem Klosterleben in vielen seiner Glieder so eng verbundene Adel füglich einen großen Theil der Bewunderung für sich in Anspruch nehmen können, welche die Nachwelt vor den herrlichen Denkmalen der Geschicklichkeit und des Sammelfleißes jener litterarischen Vorzeit empfindet.

Wenn sich Namen, die uns heute als adlige erkennbar, kaum von dem Bilde jener Kindheits-Epoche unserer Kultur abheben, so erklärt sich dies einfach daraus, daß die Familiennamen erst wesentlich später in die Erscheinung traten. Ob wir darum auch nicht immer, wie bei der edlen Roswitha, der gelehrten Aebtissin von Gandersheim, deren Hymnen aus dem 10. Jahrhundert zu uns herübertönen, die adlige

Abkunft festzustellen im Stande sind — es ist eine nach der Gesammtlage der Gesellschaft jener Zeit mehr als ausreichend begründete Hypothese, wenn wir annehmen, daß die Chronisten, die rechts- und geschäfts- kundigen Räthe, denen das Ohr der Fürsten des frühesten Mittelalters gehörte, fast ausschließlich dem Stand der freien, oder der zu gleich sozialer Hochstellung aufstrebenden Ministerialität entsprossen waren.

Festere Formen gewinnt der Antheil des Adels an der geistigen Entwicklung der betreffenden Periode in den Namen der hochfürstlichen und ritterlichen Minnesänger Heinrich des Erlauchten von Meißen, des brandenburgischen Markgrafen Otto mit dem Pfeil, Wolfram von Eschenbach, der Hausen, Ofterdingen und vor allem Walthers von der Vogelweide. Ausgehend und umrahmt von der Verehrung „aller Welt lieben Frawe", feierte die zartsinnige und tief innige Liebe zum irdischen Weibe im festlichen Liederspiel der Burghallen die höchsten Triumphe. Was seitdem im deutschen Dichter- wald von Frauen Ehr' und Preis, von der Liebe Lust und Leid er- scholl, es wurzelt im Boden der ritterlichen Gesellschaft, welche die „minnigliche Frawe" zur Preisrichterin aller Mannestugend erhob und der Frau die soziale Hochstellung verlieh, deren sie sich, zumal in der germanischen Welt, noch heute erfreut.

Schwert und Leier im engen Verein, sie reden noch immer vom Epitaph manch tapferer Sangeshelden, so des Tirolers Oswald von Wolfenstein im Kreuzgang von Brixen, die beredte Sprache einer blühenden Herrlichkeit, deren hochgemuthe Träger nimmer im Andenken unseres Volkes erlöschen sollten.

Und nun, wie schlicht und ernst hebt sich vom lichten Hinter- grund des Sängerkrieges die Gestalt Enke von Repkow's ab, den Sachsenspiegel in der Hand, lehrend was Rechtens war in deutschen Landen, bevor die Morgenröthe der Renaissance die Wiedererweckung des welschen, römischen Gesetzes beleuchtete. Da sehen wir auch der deutschen Gebieter und Edlen junge Söhne in ganzen Schaaren über die Berge ziehen, wissensdurstig und abenteuerlustig an der Brust der alma mater von Bologna, Siena und Padua die Weisheit der zu neuem Leben erwachenden heidnischen Weltanschauung in sich aufzu- nehmen. Der Emanzipations-Prozeß von der mittelaltrig christlich- germanischen, dessen Sturmzeichen wir schon in der ersten Hälfte des

15. Jahrhunderts begegnen, begann sich mit dessen Verklingen mehr und mehr auch am Adel zu erweisen.

Mächtig emporragend aus der Schule der Humanisten, tritt Ulrich von Hutten auf die Bühne der Polemik der nach Entfesselung von den alten Autoritäten ringenden Zeit. Vielgepriesen und vielgeschmäht hier von den Einen, dort von den Anderen, ist Hutten schon um seines strafbaren Wandels willen vielen auch seiner Standesgenossen zu einem Stein des Anstoßes geworden. Welchen Maßstab aber auch die Kritik an den weltlichen Champion der kirchlichen Umwälzungen des 16. Jahrhunderts legen mag, — über seine gewaltige Bedeutung für die Entwicklung der Sache, der er die Spitze seiner Feder geliehen, wird sie den Stab niemals brechen können.

Wenn die Kriegsfurie wettert, dann flüchten, schweigen die Musen, oder lassen sich doch nur in Gelegenheits-Kundgebungen vernehmen. Allmählig, sehr allmählig erst erwachte deutscher Sang und deutsches Denken aus der Oede und Starre, welche der kirchliche, immer weitere Zerklüftungen hervorrufende Zwiespalt, inneres Ringen jeder Art und der dreißigjährige Riesenkampf, dessen Wunden kaum jemals ganz verharschen werden, auf jene geistigen Blüthen unseres Volksthums legte. Schüchtern erhob zuerst die schlesische Dichterschule das Haupt, Fühlhörner ausstreckend, wenn man so sagen darf, aus der Noth, dem Jammer der vom Rosseshuf zertretenen vaterländischen Fluren und ihrer von Freund und Feind gemißhandelten Städte und Dörfer. Friedrich von Logau, gestorben 1655 zu Liegnitz, um seiner kernigen Epigramme und Satyren willen von der fruchtbringenden Gesellschaft „der Verkleinernde" genannt und von Lessing und Ramler hochgeschätzt, war einer ihrer hervorragendsten Vertreter.

Hand in Hand mit der Entfaltung solch' erster wiederkehrender Frühlingsblüthen des Schaffens auf weltlichem Gebiet, vollzog sich die religiöse Erhebung des Volkes aus der Schweden- und Kroaten-, der Türken- und Franzosen-Noth des Jahrhunderts. Da dichtete drüben der edle Jesuit Friedrich von Spee seine Trutznachtigall und trat gegen den Unfug der Hexenprozesse auf, während hüben Louise Henriette von Oranien, des großen Friedrich Wilhelm von Brandenburg Gemahlin, das hohe Lied christlicher Zuversicht auf die Seligkeit eines ewigen, der bangen Todesnacht folgenden Lebens sang. Es

waren Zeiten der Erweckung, gleich denen, welche dem um die Mitte
des laufenden Jahrhunderts absterbenden Rationalismus folgten.
Graf Zinzendorf, der Stifter der Brüdergemeinde, erbaute in
seinen tief gläubigen Schriften die evangelische Welt, während fast
gleichzeitig vom Halleschen Waisenhaus her Karl Heinrich von Bo-
gatzky ihr die Perlen seines Schatzkästleins erschloß. Leider stellten
sich dem tief innerlichen Zuge des Standes zur Kirche Einflüsse an die
Seite, welche überwiegende Mehrheiten rasch sehr entgegengesetzten
Geistesrichtungen in die Arme führten.

Das autokratische, feilen Byzantinismus und schnödeste Frivolität
zeugende Regiment des vierzehnten Ludwig warf breite Schatten auch
auf deutscher Fürsten, deutschen Adels Sitte und Brauch. Welschthum
und Galanterie machten sich während des Rococco wahrlich nicht blos
in den Bizarrerien einer verschnörkelten Kunst geltend. Die Bilder
Watteau's und seiner die Hallen deutscher Schlösser füllenden Schüler
gaben nur den Ton in Farben wieder, der aus den Reden der leicht-
geschürzten Nymphen der Schäferspiele zu ihnen redete. Der Hofpoet,
der meist von Geburt hoffähig war, oder durch Verleihung abliger
Titel dazu gemacht wurde, dichtete seine Ergüsse in brokatenem Staats-
gewand. Der Dame gleich, welche, das Schönpflästerchen auf rosig
hergestellter Wange, an seiner Seite schritt, trippelte auch des Höflings
Poesie in lüsterner Zierlichkeit in Stöckchenschuhen einher.

Gegenüber so parfümirter Atmosphäre wehen uns die schwung-
losen, aber natürlichen Verse des märkischen Edelmanns Friedrich
Rudolf von Canitz wie eine frische Brise von den kieferumsäumten
Landseen seiner Heimath an. Auch des kursächsischen, im Jahre 1729
zu Dresden verstorbenen Ceremonienmeisters Johann von Besser
Festgesänge athmen eine immerhin reinere Luft, als den Schwulst,
der sonst dies weniger Genuß bringende, als für den Kulturforscher
lehrreiche Gebiet beherrscht.

Ernsten Blickes, gewichtigen Schrittes, tritt vor solche Kleinwelt
und ihre Leichtfertigkeit der „Aristoteles des Nordens", der Freiherr
von Leibniz. Es genügt, den Namen des mit seinem gewaltigen
Geist fast alle Gebiete menschlichen Wissens umfassenden, großen
Weisen zu nennen, um seine Bedeutung für unsere Darlegungen ge-
bührend zu würdigen. —

Man mag es einer inneren Nothwendigkeit zuschreiben, wenn einem Zeitalter, in welchem Hof-Intrigue und Kabinets-Politik die Geschicke des Einzelnen wie der Völker vorsorglich leitete, das Memoire die litterarische Bühne bestieg und rasch Boden gewann. — Daß der deutsche Adel und die fürstlichen Autoren sich in der Vorführung ihrer Erlebnisse als echte Kinder ihrer Zeit der Sprache bedienten, welche damals als die der gebildeten Welt galt, — wir können es von unserem heutigen nationalen Standpunkt sicherlich beklagen. Daß aber fränkische Sprache und philosophische Anschauung, Versailler Hofsitte auch echt deutschem Geist nur die Form verlieh, das zeigt u. a. auch des großen Friedrich litterarische Thätigkeit. Die Memoiren der Mark-gräfin Wilhelmine von Bayreuth, des Königs Schwester, und des Freiherrn von Pöllnitz gewähren höchst werthvolle Einblicke in die Kultur-Verhältnisse der dem Erwachen einer wahrhaft germani-schen Litteratur vorangehenden Periode. Langsam brach die Sonne durch die Wolken, von Jahrzehnt zu Jahrzehnt ihre Strahlen ver-dichtend. Ewald von Kleist, der Sänger des „Frühlings", fand in seiner von schöner Form geförderten Naturschilderung die An-erkennung der strebenden Geister der Zeit, während der Junggesell Theodor von Hippel, ein Mann von Witz und Laune, „über die Ehe" schrieb.

Es war eine seltsame, der Parallelität, in der sich die äußeren und inneren Entwickelungen zu bewegen pflegen, widersprechende Fügung, daß, während dem Aufblitzen starken nationalen Heldenthums in König Friedrich rasch die tiefste politische Erniedrigung folgte, die litterarische Größe und Bedeutung unseres Vaterlandes gerade in dieser Epoche den Gipfel ihres Ruhmes erstieg. Das deutsche Fürstenthum und der christliche Adel der Nation haben auch damals jene wahre Volksthüm-lichkeit dargethan, die allezeit ihre schönste Zierde war und ist. För-dernd und selbstthätig, ein jeder an seinem Theil und nach seinen Gaben, haben sie zu der Entfaltung nach Kräften, in denen sich in jenen Tagen unheilvollster Zersplitterung und Herabwürdigung die Idealität der ganzen Nation zusammenschloß, beigetragen. Auf allen sich immer weiter verzweigenden Gebieten von Wissenschaft und Kunst erblicken wir nun, in gleich schaffensfreudiger Thätigkeit neben den Gliedern des immer höheren Zielen zustrebenden Bürgerthums, die

Vertreter der Geburtsaristokratie und die Träger neu verliehener
Standestitel. Der historische Uradel hatte längst nicht mehr an den
alten Grenzen festgehalten. Wie er von grauen Zeiten her tapferen
Schwertgesellen allzeit freudig die Ritterhand gereicht, so haben seine
Nachkommen ihre Reihen mit herzlichem Willkommen auch den Heroen
des Geisterkampfes geöffnet. Wir wissen nicht, wie Leibniz und
die Klassiker Goethe, Schiller und Herder, wie so manche nach
ihnen im tiefinnersten Grunde über die Nobilitirung dachten, welche sie
von der Huld ihrer Fürsten empfingen. Gewiß, ihre Größe bedurfte
solcher Verherrlichung nicht. Immerhin aber vermag uns die Thatsache,
daß diese Gewaltigen den Ritterschild, der sich ihnen unter der Lorbeer-
krone verhüllte, nicht verschmähten, mit einiger Genugthuung zu erfüllen.

Der Schlachtendonner der nicht zum wenigsten Deutschlands
Fluren verwüstenden Feldzüge des großen korsischen Agitators, vermochte
die Klänge der Leier nicht zu übertönen, in deren Harmonie die Ge-
brüder Christian und Friedrich Leopold Grafen Stolberg
und ganz besonders der letztere die Formen des griechischen Alterthums
edelster christlicher Mystik und Empfindungstiefe zu einen bemüht
waren. Im Gegensatz zu dem von Schiller wohl über Gebühr gepriesenen Friedrich von Matthisson mit seiner sentimentalen, nur
der Oberfläche der Dinge nachstrebenden Naturanschauung, trat die
Schelling'sche Philosophie für das selbständige Leben der Natur in
Auffassungen ein, in welchen sie sich zur Bahnbrecherin der romantischen Schule erhob. Mit dem Ringen um die höchsten wissenschaft-
lichen und litterarischen Ziele, um den Preis der Dichtung, das, in
Weimar seinen Mittelpunkt und seine Weihe findend, so viele der
Edelsten und Besten ergriffen, ging die stille, bereitende Arbeit der
Staatsmänner Hand in Hand. Man lauschte den geistvollen Geschichts-
studien eines Johannes von Müller und begeisterte sich an
Goethe's und Schiller's in das Erz der Ewigkeit gegrabenen
Werken, man ließ sich von Alexander von Humboldt, dem großen
Welterforscher, zu der Herrlichkeit der Tropen und der Oede asiatischer
Wüsteneien führen. Aber auch des Reichsfreiherrn von Stein
markiges Wort und die von ihm und dem Freiherrn, späteren Fürst-
Staatskanzler von Hardenberg inaugurirte Gesetzgebung fand
bei vielen Patrioten lauten Beifall.

Höher und höher begannen die Flammenzeichen zu lodern, „das Volk stand auf, der Sturm brach los." Da sang der edle Max von Schenkendorf seine von tiefster Vaterlandsliebe, die Wiedergeburt Deutschlands und des christlich germanischen Bewußtseins erwartenden Lieder. Er hat die Befreiung vom Joch der Fremdherrschaft kaum überlebt.

Wohl haben viele der Leiter der den Beginn des Jahrhunderts beherrschenden geistigen Bewegungen auch noch nach dem Zusammenbruch des ersten Kaiserreichs gewirkt und geschaffen, doch gravitirt auch dieser Männer Bedeutung wesentlich in der Periode vor dem Kriege. Nur Alexander von Humboldt, dem sein älterer Bruder Wilhelm, der sich als Sprachforscher, Diplomat und geistvoller Briefsteller rühmlichst hervorthat, weit im Tode vorausging, führte seine Tage tief in das 19. Jahrhundert hinein. Noch im hohen Greisenalter verfaßte er den Kosmos und setzte sich in diesem weltumfassenden Werk ein Denkmal der Unsterblichkeit.

Wandel der Coulisse — Wandel der Entwicklung, und umgekehrt. Ob auch keineswegs unbeeinflußt von inneren politischen Strömungen, fand die schöpferische Kraft des neu erstehenden Geschlechts ihre Triebfedern wesentlich in der Reaktion gegen Rationalismus und Abstraktion. Der Zug, welchen die Begeisterung für die Niederwerfung des Feindes hervorgerufen — er wollte nicht schlafen gehen, als der letzte freiwillige Jäger die Waffen abgelegt. Ein wahrer Sehnsuchtssturm nach Idealen begann in vielen, wenn auch nach sehr verschiedener Richtung hin, zu toben. Er fand in der romantischen Schule und, wie wir bereits erwähnt, im Geleit der dieselbe begünstigenden Philosophen seinen litterarischen Ausdruck. An stolzen und edlen Namen aber fehlt es den Jüngern dieser, Jahrzehnte unseres Säculums beherrschenden Schule nicht.

Treten wir nun, an August von Kotzebue, dem fruchtbarsten Autor vielleicht aller Zeiten, vorüber, in die gothischen Hallen, aus denen heraus uns der Sang der Romantiker entgegentönt. Wer ist die ritterliche, feudale Gestalt, die da vor uns steht, bereit, uns in den „Zauberring" ihrer ganz besonders die Jugend zu schwärmerischer Begeisterung hinreißenden Dichtungen zu führen? Das ist Friedrich Baron de la Motte Fouqué, der Enkel des „Leonidas" von Landshut, des Friedericianischen Generals. Neben ihm aber erblicken wir seinen unglücklichen Freund Heinrich von Kleist, der, nachdem er dem märkischen Boden in seinem Michael Kohlhaas, seinem Prinzen von Homburg unvergängliche Denkmale gesetzt, uns in seinem Käthchen von Heilbronn die ganze demüthige Innigkeit des deutschen Mädchen= herzens dargelegt, sein eigenes Dasein, von Ueberdruß und Bitterkeit gepeitscht, auf märkischer Haide endete. Wir nannten Fouqué, der, obwohl schon in der dritten Generation deutscher Denkungsart ver= bunden, den Geist altfranzösischer Chevallerie nimmer zu verleugnen vermag. Wie anders Charles Adelaide de Chamisso, der so treu sich zurückzuträumen weiß nach Schloß Boncourt, seiner Väter Haus, und doch ein Dichter geworden, deutsch, gemüthvoll und tief= innig, hier zart, dort mächtig eingreifend mit seiner Harfe in die Saiten des Lebens, — ein Dichter, wie deutscher wir ihn nicht kennen.

Achim von Arnim, wie melodisch klingt es aus „des Knaben Wunderhorn", das er mit seiner Gemahlin Bettina Bruder Clemens Brentano so volltönig zu stimmen wußte, hinein in die sonst so griesgrämig dreinschauende, bureaukratisch=zopfige Berliner Welt! Sänger= Lust und Freude am Klang der niemals ruhenden Leier war die Signatur des geistigen Lebens einer Zeit, die nur wenig und vorüber= gehend von äußeren und inneren Wirren unterbrochen wurde. Man hatte Zeit, sich auch an dem „Leben eines Taugenichts", an den die würzigste Waldpoesie athmenden Liedern eines Eichendorff und an dem Zauber zu erfreuen, in welchen Annette von Droste=Hüls= hoff Land und Leute ihrer westfälischen Heimath zu kleiden wußte. In Formvollendung ohne Gleichen rundete Graf Platen seine Verse, ernst und gedankenreich aufsteigend aus den Blättern, am wenigsten vom Erfolg geleitet im Drama, in welchem Christoph Ernst von Houwald den Uebergang vom Familien=Schauspiel zur Schicksals= Tragödie zu vermitteln bestrebt war. Auf dem Felde ästhetischer Kritik, geschichtlicher Darstellung der Litteratur zeichneten sich die Brüder August Wilhelm und Friedrich von Schlegel auf das Vortheil= hafteste aus. Ersterem verdankt Shakespeare zumeist die Hochstellung, deren er in Deutschland mit Recht in so besonderem Grade genießt. Wo Schlegel, da Tieck, und wo dieser, da weilt mit seinem Streben und Dichten, seinen wesentlich religionsgeschichtlichen Stoffen nachgehen= den Romanen, dessen und Karl Immermann's begeisterter Freund und

Verkünder, der Oberlausitzer Friedrich von Uechtritz, der Verfasser von Alexander und Darius.

Ueberall thut sich das Bedürfniß nach Vertiefung des Empfindens und Erfassens, nach gehaltvoller künstlerischer Darstellung kund. Dies kommt namentlich auch in der religiösen Lyrik zur Geltung, von deren Hintergrund sich als hochbenamter Vertreter Friedrich Freiherr von Hardenberg=Novalis abhebt, und welcher Eduard von Schenk, Freiherr Ernst Otto von der Malsburg, Graf von Löben und der Herrenhuter Johann Baptist von Albertini ihre edlen Kräfte weihen. In seinen „Todtenkränzen" — es sind Kanzonen — schlägt Joseph Christian Freiherr von Zedlitz einen Ton an, der im erinnerungsreichen Menschenherzen allezeit Wiederhall findet. Die größte Volksthümlichkeit erwarb er sich mit seiner „Nächt= lichen Heerschau", in welcher er an Franz Freiherr von Gaudy's hervorragende Leistung, die den Schlachten=Imperator verherrlichenden „Kaiserlieder", anklingt.

Doch weiter, weiter in unserer Reihe, denn gar viele edle Ge= schlechter haben hochragende Stämme gepflanzt in dem deutschen Dichter= hain, so die Nostiz in Gottlob Ernst, der sich Arthur von Nord= stern nannte. Vor Allem aber drängt es uns nun, nachdem wir noch dem baierischen Grafen Franz Pocci warm für die gemüthvoll herzerquickenden Darstellungen, für die Lieder gedankt, in denen er nicht bloß die große, sondern auch die kleine Menschenwelt zu erfreuen wußte, den Wipfeln zu nahen, die uns besonders hoch hinauf zu streben scheinen in die ideale Höhe. Moritz Graf Strachwitz! — Wer hätte nicht aufgestöhnt mit seinem „gefangenen Admiral" aus schmerz= zerrissener Brust, sehnsüchtig lauschend der Brandung des „tief auf= donnernden Meeres"! Traurig, daß den „Liedern dieses Erwachenden" so schnell sein Grabgesang folgen mußte!

Dann die Freunde Nikolaus Niembsch Edler von Strehlenau und Anton Graf Auersperg, bekannter der ästhetischen und litte= rarischen Welt unter den Pseudonymen Lenau und Anastasius Grün. Es liegt etwas von dem Schmerz des „Letzten", und dies war Streh= lenau seinem Geschlecht, in den in ihrer wehmuthvollen, von Seelen= kämpfen schwerster Art getragenen Liedern und Gesängen des hoch= begabtesten vielleicht aller neueren Dichter. Der Melancholie des mit

dem Zweifel ringenden, der Glaubenslosigkeit verfallenen, der Geistes-
umnachtung zutreibenden Gemüths hat Lenau wunderbar ergreifenden
Ausdruck zu geben gewußt. Aber auch seine Schilf= und Polenlieder,
vor Allem die Stimmungsbilder, in denen er die Pußten seiner un=
garischen Heimath und deren Bewohner schildert, werden ihres eigen=
artigen Zaubers nimmer verfehlen. Auersperg, der mit und für Lenau
arbeitete, erscheint gleichwohl in seinem Leben wie in seinem Wirken
als dessen Gegensatz. Klarheit und ernste Energie kennzeichnen seine
Gedanken und die Verkörperung, welche er denselben zu geben wußte.
Seinem namhaftesten Werk, in dem er als ein moderner Theuerdank
Kaiser Max, den „letzten Ritter“, feierte, reihten sich Leistungen an,
die, wie die „Spaziergänge eines Wiener Poeten“ ihm um ihres höchst
liberalen Parteistandpunktes willen manche Gegnerschaft eintrugen.

In vielgepriesenen Novellen: „Christian Lammfell“, „die Vaga-
bunden“ u. a., in Liederspiel und volksthümlichen Dichtungen ver=
schiedener Art gewann sich Karl von Holtei vieler, zumal seiner
schlesischen Landsleute Herzen. —

Was diese alle, was Graf Alexander von Württemberg,
der fränkische Freiherr Oskar von Redwitz, was Viktor von
Scheffel in seinem „Trompeter von Säckingen“ und seinem „Ekkehard“ gestaltet — es lebt und wirkt, dem Hochgefühl der Nation
goldene Früchte reifend, fort im Herzen unseres Volkes.

Gewiß ist der ethische und wissenschaftlich künstlerische Maßstab,
den wir an die produktive Thätigkeit des Adels zu legen haben, ein
sehr verschiedener. Es ist eben etwas Anderes, wenn die Rotteck,
die Sybel und Raumer, wenn vor Allem Altmeister Ranke Ge=
schichte schreiben, oder wenn Wilhelm Immanuel Freiherr von
Ketteler, der hochwürdige Bischof von Mainz, die soziale Frage er=
örtert, als wenn Semilasso Fürst Pückler in der Ungebundenheit
des verwöhnten Aristokraten seine pikanten Beobachtungen und Erleb=
nisse niederlegt.

Jeder Mann nach seinen Gaben
Will ein Theil am Ganzen haben.

Ja Alle haben dazu beigetragen, daß, wenn man derer denkt, die
das Arsenal unseres deutschen Vaterlandes schmieden und füllen halfen,
man in allererster Linie auch des deutschen Adels erwähnen muß.

Philosophie und Seelenheilkunde, — es sei hier an den Freiherrn von Feuchtersleben erinnert —, oder auch hohe Politik
— es ist der greise Ludwig von Gerlach, der edle, unbeugsame
Vertheidiger des Legitimitäts-Prinzips, welchen wir hier im Auge haben
— es sind endlich die Lehrer des Krieges, Valentini, Brandt,
Decker, Karl von Clausewitz, Helmuth Graf Moltke, die
ihre Werke und Namen den verschiedensten Blättern unserer litterarischen
Annalen verwoben.

Aber auch fürstliche Frauen, und manch' edle Dame sonst, ver-
säumten nicht, den ihren einzuzeichnen in weithin leuchtenden Lettern.
Der Cranierin stellt sich, wenn auch auf sehr verschiedenem Gebiet,
die Wettinerin zur Seite, Prinzeß Amalie von Sachsen, die
Schauspieldichterin, des königlichen Dante-Uebersetzers Johann Phila-
letes reich begabte Schwester. — Recht Bedeutendes leisteten: Louise
von Plönnies auf episch-lyrischem Gebiet, doch fanden auch Ida,
Gräfin Hahn-Hahn, Helmine von Chezy, Ida von Düringsfeld, Baronin von Reinsperg, Adelheid von Stolterfoth,
Amalie von Hellwig, Auguste Gräfin Egloffstein und zahlreiche Andere an ihrem Theil Anerkennung. —

Umschau haben wir gehalten, haben manchen gekrönten Dichters,
manches Fürsten im Reich des Geistes hehre Gestalt vorüberziehen
lassen an unserm innern Auge. Erschöpfendes zu bieten, Allen gerecht
zu werden, hätten wir indeß weit den Rahmen überschreiten müssen,
der uns an dieser wesentlich der Gegenwart gewidmeten Stätte gewährt werden konnte. In flüchtigem Streifzug nur, hier weilend,
dort vorübereilend, vermochten wir die Reihen Derer zu durchmustern,
die in einer an herrlichen Blüthen gewaltiger Geistesarbeit reichen Vergangenheit den Vorzügen ihrer Geburt die dann um so höher zu
schätzenden des Talentes und des Verdienstes zu einen mußten.

Nur Der erkennt den Adel im Licht seiner höheren Bestimmung
als führendes Glied der Gottes-Ordnungen auf Erden, dem er als
eine Kette aus edlem Metall entgegenglänzt, bestimmt, Vergangenheit
und Gegenwart der Zukunft zu verbinden. Nur der Adel hat Werth,
der die Lebensbedingungen seiner Gegenwart und in ihnen die der
kommenden Geschlechter auf dem unverrückbaren Grunde seiner geschicht-
lich gewordenen Ueberlieferungen zu erbauen weiß. Eine der ältesten

Ritterregeln schon legt dem Adel die Pflicht auf, nach seinen besten Kräften zu hüten und zu fördern, „was das Leben sittigt und ziert." Wir meinen, unser kurzer Rückblick habe gezeigt, daß der Adel der Vergangenheit solch hochgemuthem Gebot genügt, daß er mit dem Pfunde gewuchert, welches Gott ihm anvertraut.

Möchte es dem Unternehmen, die Wirksamkeit des Adels in der deutschen Litteratur zu würdigen, — ein Unternehmen, das wir glaubten nicht besser, als am goldenen Faden der Kontinuität dem Verständniß seiner Leser zuführen zu können —, beschieden sein, darzuthun, daß der Adel auch unserer Tage bestrebt ist, sich, den wechselnden Zeitläuften entsprechend, auf der Höhe zu halten, welche seine Vorfahren im ritterlichen Fahnensturm gewonnen. Dann wird — daran zweifeln wir nicht! — der Adel der Zukunft unserem Volksthum mehr und mehr auch auf dem Blachfelde geistigen Ringens zu einem Führer in des Wortes herrlichster Bedeutung werden, zu einem Führer auf der Bahn rechter Vervollkommnung sittlicher und darum wahrhaft nationaler Größe! —

Das walte Gott in seiner Gnade!

Die moderne Litteratur.

Von Rudolf Eckart.

Eufemia Gräfin Ballestrem di Castellengo

entstammt einer römisch-katholischen, aus Piemont (wo ihr Stammhaus, Castel-Lengo in der Grafschaft Casale-Montferrat liegt) 1745 nach Preußen übergesiedelten, in Schlesien begüterten Familie. In Preußen wurde derselben die Grafenwürde zuerkannt. Das Geburtsjahr der Gräfin ist das Jahr 1854 (18. August). Ihr Vater bekleidete damals das Amt eines Landschaftsdirektors in Ratibor, welches er aber 1860 niederlegte, nach Brieg und später nach Hirschberg übersiedelte.

In dem letzteren Orte verlebte Eufemia, die jüngste Tochter des gräflichen Paares, eine an warmem Sonnenschein reiche, glückliche Jugend. Ihre treffliche, liebevolle Mutter und ihr hochsinniger, feingebildeter Vater überwachten ihre Erziehung mit zärtlicher Sorgfalt und ließen ihr empfängliches Gemüth allen Eindrücken der goldigen Jugendzeit sich erschließen. Die fesselnde Erzählungsgabe des Vaters weckte dabei in der Comtesse die Lust am Fabuliren, welche auch durch ihr musikalisches Talent und dessen Pflege nicht beeinträchtigt wurde.

Schon mit siebenzehn Jahren veröffentlichte sie ihre erste Arbeit, eine historische Skizze, im „Buch für Alle" unter dem Titel „Die Nichten des Kardinals". Seitdem hat sie eine Reihe gediegener

2

Werke geschaffen und auch als dramatische Schriftstellerin sich bewährt. Zwischen der 1876 erschienenen ersten Novellensammlung „Blätter im Winde" und ihren letzten, in großen Zeitschriften veröffentlichten Romanen liegt eine Fülle hochinteressanter Erzählungen; wir nennen mit Auszeichnung die Romane: Lady Melusine, Das Erbe der zweiten Frau, Heideröslein, Violet, Die blonden Frauen von Ulmenried, Um eine Königskrone, Die Falkner vom Falkenhof und mehrere Novellensammlungen. Von ihren Gedichten sind die meisten in Anthologien übergegangen und haben ihren Ruf als geistvolle Dichterin für immer begründet. 1878 erschien ihre Gedichtsammlung „Tropfen im Ocean", welcher seither leider noch keine neue Sammlung gefolgt ist. Ihre dramatische Arbeit: „Ein Meteor" wurde 1880 im Ostend-Theater zu Berlin zwölfmal aufgeführt. Die Dichtung: Raoul der Page, ein Sang aus alten Tagen, hat einen rein historischen Stoff, aber die Dichterin hat vielen geschmackvollen, poetischen Zierrath daran angebracht. Zahlreiche Lieder und Balladen, wahre Kabinetsstücke moderner Lyrik, sind eingestreut. Die Personen werden uns in diesem trefflichen Epos so individuell geschildert, daß wir uns der Theilnahme an ihrem Schicksal nicht zu entziehen vermögen und den Gang der Ereignisse mit gespanntem Interesse bis ans Ende verfolgen.

Eins der bedeutendsten Werke der Gräfin ist Maria Stuart (1889), das dem König Karl von Württemberg gewidmet ist und von diesem mit der goldenen Medaille für Kunst und Wissenschaft ausgezeichnet wurde. Es ist die mühevolle Arbeit eines angestrengten sechsjährigen Studiums. Für die lebensvolle Charakteristik der Familien und Persönlichkeiten, welche zu der unglücklichen Königin in Beziehung standen, wurden von der Verfasserin die Bibliotheken von fast ganz Europa durchforscht.

Im Jahre 1881 lernte die junge Gräfin Italien kennen. Der Vater war gestorben, und sie reiste in Begleitung ihrer Mutter dem sonnigen Süden zu, um dort den herben Schmerz leichter zu vergessen. Die Kunstschätze im ewigen Rom, in Florenz, Mailand und Venedig erschlossen ihr eine neue Welt und begeisterten sie zu emsigen Studien und Arbeiten auch auf dem Gebiet der Malerei, ohne daß sie indeß ihrem vornehmsten Beruf, dem der Schriftstellerei, untreu wurde.

Nach der Rückkehr aus Italien ließ sich Gräfin Ballestrem mit ihrer Mutter in Breslau nieder, und dort lernte sie ihren späteren Gatten kennen, den Rittmeister, jetzigen Major von Adlersfeld, mit dem sie sich 1884 vermählte und an dessen Seite sie als glückliche Gattin und Mutter zu Karlsruhe in Baden in den angenehmsten Verhältnissen und in denjenigen Kreisen lebt, denen sie meistens die Stoffe und Figuren zu ihren erzählenden Dichtungen entlehnt, wohlthuend echt in Farbengebung und künstlerischer Ausgestaltung. In allen großen Zeitschriften finden sich Erzählungen, Romane, Dichtungen von ihr, und ihre Beliebtheit ist weit über Deutschlands Grenzen hinausgedrungen.

Noch zu erwähnen sind ihre prächtigen Sammelwerke: Charitas, ein Almanach in Wort und Bild, Was die Blumen sagen, Anthologie, Im Zeichen des rothen Kreuzes, Selbstschriften-Album, Skaldenklänge, ein Balladenbuch zeitgenössischer Dichter mit Hermann Lingg, sowie die historisch-biographischen Werke: Memoiren des Feldmarschalls von Naßmer, Im Glanze der Krone, biographische Skizzen regierender Fürstinnen, Neue Blätter, Tagebuch der Königin Victoria, Kaiser Friedrich III., Das goldene Buch, historisch-genealogisches Regentenlexikon, Erinnerung an die Tuilerien und endlich 1892 ein Katechismus des guten Tons und der feinen Sitte, sämmtlich Werke gediegenster Art.

Die Hauptbedeutung der Gräfin Ballestrem (unter diesem Pseudonym veröffentlicht sie ihre Arbeiten) liegt auf novellistischem und lyrischem Gebiet. Mit stets neuem Geschick gestaltet sie die Charaktere ihrer Dichtungen und weiß aus den bunten Wechselformen des Lebens immer wieder neue, eigenartige Stoffe zu gewinnen und zu einem stimmungsvollen Ganzen abzurunden. Sie steht in den Jahren bester Schaffenskraft und nimmt in der Litteratur der Gegenwart eine bedeutungsvolle und hervorragende Stellung ein.

Adolf Friedrich Graf von Schack.

Adolf Friedrich Graf von Schack wurde am 2. August 1815 zu Schwerin in Mecklenburg geboren. Auf dem in der Nähe Schwerins

gelegenen Gute seines Vaters, Brüsewitz, verlebte er die Jahre seiner
Kindheit. Die hier empfangenen Eindrücke waren für seine spätere
Entwickelung von größter Bedeutung, wie er selbst in seiner Lebensbe-
schreibung gesteht. Sein erster Hauslehrer pflanzte ihm einen tief
religiösen Sinn, sein zweiter eine warme Vaterlandsliebe ein. Die
Körnerfeier neben der Körnereiche in der Nähe von Brüsewitz, wo
Körner den Heldentod fand, nährte und hob diesen Patriotismus.
Die Belehrungen der durch ihr feines Verständniß für Kunst und
Litteratur ausgezeichneten Lehrerin seiner Schwestern weckte in ihm schon
früh die Neigung zur Poesie. Die Lektüre der Gedichte und Dramen
Schillers und Goethes, der Märchen aus „Tausend und eine Nacht",
Stollbergs „Reise in Italien" drängten ihn in den ersten Jugend-
jahren zu eigenen, poetischen Versuchen und gaben seiner regen Phantasie
reichlichste Nahrung. Durch seines Vaters Ernennung zum Bundes-
tagsgesandten kam er im 13. Jahre nach Frankfurt a. Main. Seine
Begeisterung für Goethe war so groß, daß er sich auf der Durchreise
in Weimar noch am späten Abend das Wohnhaus Goethes zeigen ließ
und hier in winterlicher Kälte nach dem erleuchteten Arbeitszimmer
Goethes so lange hinaufschaute, bis das Licht erlosch. Schack besuchte
nun das Pädagogium zu Halle, dann, als dort die Cholera ausge-
brochen war, das Frankfurter Gymnasium. Eifrig lernend und schaffend
im Verein mit gleichgesinnten Freunden, erlangte er im 17. Lebensjahre das Reifezeugniß für die Universität und bezog, nachdem er noch
vorher eine Reise durch die Schweiz und Italien unternommen, auf
welcher das Interesse für die bildenden Künste angeregt wurde, die
Universität Bonn, um Jura zu studiren, beschäftigte sich aber daneben
eifrig mit den orientalischen Sprachen und den verschiedenen europä-
ischen Litteraturen und Sprachen. Ausgedehnte Reisen führten ihn
mit den bedeutendsten Persönlichkeiten zusammen, infolgedessen sich ein
reger, geistiger Verkehr entspann. Nachdem er noch die Universitäten
Heidelberg und Berlin besucht, trat er 1838 nach absolvirter Staats-
prüfung in preußische Staatsdienste und arbeitete zunächst beim Kammergericht in Berlin. Indeß hatten Amtsthätigkeit und litterarische Produktionen seine Gesundheit so geschwächt, daß er sich genöthigt sah,
einen längeren Urlaub zu nehmen, den er zu einer großen Reise nach
Sicilien, Griechenland, Kleinasien und Aegypten benutzte. 1830 und

1840 hielt er sich in Spanien auf und besuchte die dortigen Bibliotheken zum Zweck der von ihm geplanten „Geschichte der dramatischen
Kunst und Litteratur in Spanien". Nach Deutschland zurückgekehrt,
trat er im Sommer 1840 als Kammerherr und Legationsrath in die
Dienste des Großherzogs von Mecklenburg. Als Legationsrath begleitete
Schack den Fürsten Chlodwig von Hohenlohe, den jetzigen Statthalter von
Elsaß-Lothringen, auf einer diplomatischen Reise, die ihn nach Griechenland, Palästina und Aegypten führte und lebte dann in Berlin, zuerst
als mecklenburgischer Bevollmächtigter bei dem Kollegium der Union,
dann als Geschäftsträger. Der Tod seines Vaters war Anlaß, daß
er 1852 als Geheimer Legationsrath seine Entlassung aus dem Staatsdienste nahm und sich auf seine Güter in Mecklenburg zurückzog.

Schack hatte schon seit den frühen Jünglingsjahren viel Dichterisches
produzirt, trug aber Scheu, damit öffentlich aufzutreten. Die ersten
Arbeiten, welche herauszugeben er sich entschloß, waren mehr wissenschaftlicher Art, so: Die Geschichte der dramatischen Litteratur
und Kunst in Spanien, welche ins Spanische übersetzt ward und
als Hauptwerk über dieses Fach gilt; dann die Nachbildung der Helden-
sagen des Firdusi, welche von Wilhelm Jordan und Johannes
Scherr als eines der größten Meisterstücke der deutschen Uebersetzungs-
kunst gepriesen wird; die Bearbeitung Indischer Sagen unter dem
Titel: Stimmen vom Ganges; endlich dann das gleichfalls ins
Spanische übersetzte Werk: Poesie und Kunst der Araber in
Spanien und Sicilien, wodurch dieser bisher bei uns so gut wie
völlig unbekannte Gegenstand zuerst in Deutschland eingeführt wurde.
Erst im Jahre 1866 entschloß sich Schack, mit der Herausgabe der
eigenen dichterischen Werke, die sich seit lange in seinem Pult ange-
häuft hatten, den Anfang zu machen. Zuerst erschienen 1866 die
Gedichte, dann folgten die erzählenden Dichtungen „Episoden",
das Epos „Lothar", und so hat seitdem fast jedes Jahr einen oder
mehrere Bände theils in Versen, theils in Prosa von ihm gebracht.

Diese ernste und rastlose litterarische Thätigkeit wurde nur durch
größere Reisen unterbrochen. Von diesen will ich außer den genannten
noch die nach Paris 1842 unternommene erwähnen, wohin ihn ein
diplomatischer Auftrag seiner Regierung führte, und wo er Louis
Philipp und dessen Familie, Guizot, Thiers, Victor Hugo, Alexandre

Dumas und andere Größen kennen lernte, sodann drei in Begleitung des Großherzogs Friedrich Franz von Mecklenburg unternommene. Die erste führte ihn 1844 über Italien, Sicilien, Malta, Smyrna, Konstantinopel, wo der Sultan die hohen Gäste aufs Prächtigste empfing, die zweite 1865 nach Spanien und Portugal, die dritte 1871 nach Italien, Aegypten, Palästina und Griechenland. Auf diesen Reisen nahm der Dichter Veranlassung, sich aufs Eingehendste mit der Sprache, Geschichte und Litteratur der berührten Völker zu beschäftigen und sammelte so einen reichen Schatz von Kenntnissen, Stoffen und Vorlagen für eigene Dichtungen. Von hier aus lernte Schack auch Menschen und Verhältnisse vorurtheilslos, milde und gerecht beurtheilen, eine Gabe, die dem wahren Dichter unerläßlich ist.

Auf Schacks hervorragende litterarische Leistungen war der König Maximilion II. von Bayern aufmerksam geworden, welcher ihn infolgedessen 1854 mit einer Einladung nach München beehrte. Hier fand er außer dem ehrenvollen Umgang mit dem kunstsinnigen Fürsten einen Kreis bedeutender Persönlichkeiten, deren einige ihm schon länger befreundet waren, wie Geibel, Heyse, deren andere mit ihm jetzt in ein freundschaftliches Verhältniß traten, wie Justus Liebig, Wilhelm von Dönniges, Friedrich Bodenstedt, Moritz Carrière, H. W. Riehl, J. Bluntschli, Franz von Löher u. a. Am Innigsten gestaltete sich der Freundschaftsbund mit Geibel, dessen Frucht die gemeinsame Herausgabe des Romanzero der Spanier und Portugiesen war. Die Hälfte des Jahres weilte Schack in München, die andere brachte er auf Reisen oder auf seinen Gütern in Mecklenburg zu. Erst seit kurzem zieht er es vor, ohne nach München zurückzukehren, ganz in Italien zu leben. Im Jahre 1876 wurde er vom Kaiser Wilhelm I. in den nach dem Rechte der Erstgeburt erblichen Grafenstand erhoben.

Graf Schack ist Ehrenmitglied der Königl. Bayrischen Akademie der Wissenschaften, sowie der Bayrischen Akademie der bildenden Künste, Ehrenbürger der Stadt München, Ehrenmitglied der Königl. Preußischen Akademie der bildenden Künste zu Berlin, Ehrendoktor der Universitäten zu Leipzig und Tübingen, Mitglied der Königl. Spanischen Akademie, sowie der Akademie der Geschichte zu Madrid, Rechtsritter des Königl. Preußischen Johanniterordens, Inhaber des Großkreuzes des Königl. Bayrischen St. Michaelsordens und Mitglied des Maximiliansordens

für Wissenschaft und Kunst, Comthur des Kaiserl. Oesterreichischen
Ordens der Eisernen Krone, Inhaber des Großkreuzes des Großherzogl.
Oldenburgischen Hausordens, Großcomthur des Großherzogl. Mecklen=
burgischen Ordens der Wendischen Krone, Inhaber des Großkreuzes
des Königl. Spanischen Ordens Isabellen der Katholischen, Großcom=
thur des Spanischen Ordens Karl III., Großoffizier des Griechischen
Erlöserordens, Großcomthur des Großherzogl. Weimarschen Ordens
vom Weißen Falken, Großoffizier des Persischen Sonnen= und Löwen=
ordens in Brillanten sowie des Osmanischen Medschidje=Ordens und
Inhaber des Nischan=Ifticharordens in Brillanten, Ritter der fran=
zösischen Ehrenlegion, Ritter 1. Klasse des Großherzogl. Hessischen
Ludwigsordens, Ritter des Großherzogl. Badenschen Zähringer Löwen=
ordens.

Schacks Gesammelte Werke sind in 8 Bänden bei Cotta in Stutt=
gart 1884—1891 erschienen. Nur das Bedeutendste ist hierin aufge=
nommen, somit treffen wir überall in seinen Werken auf völlig ausge=
reifte Schöpfungen.

Wer über Schacks Lyrik, sagt F. W. Rogge in seinem Werke:
Adolf Friedrich Graf von Schack, eine litterarische Skizze (Berlin
1893), ein Gesammturtheil fällen will, gelangt zu der Ueberzeugung,
daß dieser Dichter manche, lediglich ihm eigene Vorzüge besitzt. Der=
selbe erhielt von der Natur eine ungemein reiche Ausstattung der
ausgesuchtesten Gaben des Geistes. Er besaß einen durch nichts zu
stillenden Wissensdrang, und es stand ihm nichts im Wege, diesen nach
seinem eigenen Ermessen zu befriedigen. So machte er sich schon in
seiner frühen Jugend mit allem bekannt und vertraut, was die Elite
der Geister in Kunst und Poesie und auf allen Gebieten der Wissen=
schaften geleistet hat. Er wurde nicht allein heimisch in Griechenland
und Rom, sondern auch in Arabien, Persien und selbst in dem fabel=
haften Indien. Durch einen eisernen Fleiß setzte er sich in den Besitz
sowohl der abendländischen, als der meisten orientalischen Sprachen.
Nachdem er gründlich vorgebildet, mit einer außerordentlichen Gelehr=
samkeit ausgerüstet war, erwachte in ihm der Drang und die Sehn=
sucht, an Ort und Stelle mit eigenen Augen kennen zu lernen, was
er bisher nur aus Büchern geschöpft hatte, und er ruhte nicht, bis er
dies Verlangen befriedigt hatte. Dadurch aber gewann er einen unbe=

rechenbaren Vortheil. Zufolge seiner tausendfachen Belesenheit kannte er die glänzendsten und schönsten Stoffe, die noch auf die Behandlung seines Dichters warteten, und durch seine eigene Anschauung so vieler Länder konnte er ihnen die wichtigsten Lokalfarben verleihen. Bei ihm haben wir stets das Gefühl, seine Schilderungen seien naturtreu.

Der Grundzug von Schacks Poesie ist Adel und Hoheit der Gesinnung, eine tiefe Sehnsucht nach dem Unendlichen. Wenn seine Dichtungen, wie alle Kunst, nur sich selbst zum Zwecke haben, so tritt uns doch aus ihnen ein ethischer Endzweck unverkennbar entgegen: er möchte die Welt und die Menschen gern edler und idealer erziehen, als er sie vorgefunden hat. Er zeichnet sich durch eine Lebensfrische und Elastizität des Geistes aus, die wahrhaft in Erstaunen setzen; es blitzt und leuchtet in seinen Poesien überall von großen Gedanken, er hat für das Liebliche, wie für das Erhabene stets den entsprechenden Ausdruck. Als Stilist besitzt er in der Lyrik seine eigene Sprache. Von Hölty und Gleim bis auf die Dichter der Gegenwart brauchte man zu Reimen vorherrschend nur Hauptwörter und Verba, wodurch eine gewisse Monotonie nicht zu vermeiden war. Schack dagegen reimt alle grammatikalischen Formen bunt durcheinander; seine Reime sind oft wunderbar verschlungen und machen so verwickelte Windungen und Wendungen, daß man stutzig wird und denkt, er werde aus diesem Labyrinth sich gar nicht wieder herausfinden, und doch gelangt er mit der größten Leichtigkeit ans Ziel. Seine Verse sind voll Klang und Melodie, und die ganze Pracht und Majestät der deutschen Sprache ist in ihnen verkörpert. Doch verliert er sich nirgends in Künstelei.

Die zehn größeren Dichtungen, die unter dem Titel Episoden in einem Bande vereinigt sind, führen zu den verschiedensten Völkern. Jede der Erzählungen hat ihre eigenthümlichen Schönheiten, Situationen und Begebenheiten wiederholen sich nie. In der Litteratur wird sich wohl schwerlich etwas finden, das wir diesen Episoden gleichstellen könnten. Jede Besprechung der Dichtungen ist überflüssig. Poesien solcher Art sollten eben in Jedermanns Händen sein. Wüßte unsere Nation, sagt Rogge a. a. O., was wir in der Poesie Großes und Schönes seit zwei bis drei Dezennien besitzen, so würde sie jubeln. Aber was schon in anderen Perioden der Litteratur vorgekommen ist, wiederholt sich auch heute: man preist ausschließlich und oft auf bloßes

Hörensagen hin das Alte, übersieht dagegen das Ausgezeichnete, was
die Gegenwart hervorbringt.

Eine größere epische Dichtung in zehn Gesängen, Lothar, ist
Ferdinand Gregorovius in Rom gewidmet. In dieser Widmung
sagt Schack, daß er sich von Jugend auf dem dichterischen Schaffen
mit Begeisterung hingegeben, sich aber zur Veröffentlichung mancher
Produktionen, wie dieses „Lothar", erst später entschlossen habe. Den
Inhalt dieses Gedichtes bilden die wechselvollen Erlebnisse eines deutschen
Mannes, der in jugendlicher Freiheitsbegeisterung an allen politischen
Befreiungsversuchen seiner Zeit persönlichen thätigen Antheil genommen
und durch die vielfachen Enttäuschungen, die er erfahren, durch die
vielen Drangsale, die er erduldet, doch nicht gebrochen ist, sondern den
Idealen seiner Jugend treu bleibt. Ein großartiges Panorama ent-
wickelt sich vor unseren Augen, herrliche Landschaftsbilder, köstliche
Staffagen, kulturhistorische Arabesken in dem buntgeschnitzten Rahmen
einer immer durch neue Reize fesselnden Dichtung. Im raschen Fluge
ziehen die mannigfaltigsten Wunder der südlichen Zone an unserem
Geist vorüber. Wir fühlen, daß der Autor heimisch ist, sowohl unter den
Palmen und Zelten Syriens, wie an den Ufern des Guadalquivir, bei
den Trümmern des hundertthorigen Theben, wie auf dem heiligen
Boden von Jerusalem.

„Durch alle Wetter", Roman in Versen, ist reich an dichterischen
Schönheiten ersten Ranges, urtheilt Rudolf von Gottschall; wo die
ernste Muse nicht mit vollen Accorden in die Saiten greift, da schüttelt
ein weltweiser Humor das Kaleidoskop seiner bunten Bilder zu immer
wechselnden Figurationen durcheinander. Dem Dichter gehorchen die
ottave rime bei allen kühnsten Wendungen ohne das geringste Wider-
streben. Die Dichtung bleibt eine Perle unter unseren neuesten poetischen
Produktionen und stellt dem vielseitigen Talente des Dichters ein
glänzendes Zeugniß aus.

Der Roman in Versen, „Ebenbürtig", bietet, um mit Joh.
Scherr zu reden, eine Fabel voll prickelnder Schalkheit, vollendete
Formsicherheit, einen von unerschöpflich guter Laune getragenen Vortrag,
eine mehr lachende als geißelnde Satire. Den Grundgedanken des
Romans, die eigentliche Tendenz desselben, spricht der Dichter selbst
im ersten Buche aus, wo er sagt:

Wenn ich, ihr Fürsten, Grafen und Barone
Auf euren Adelsitzen zum Besuch
Geweilt und wohl am Thor die Wappenkrone
Gewahrte, aber nirgendwo ein Buch,
Des Schlosses dacht' ich dann am Strand der Rhone,
Das hingestürzt ward durch des Sängers Fluch,
Und sah im Geist auch eurer Schlösser Hallen
Veröbet, Stein auf Stein in Schutt zerfallen.

Die heut'ge Welt, ich sage das euch nüchtern,
Geht über euch und eure Junkerei
Zur Tagesordnung über; Pferdezüchtern
Und Sportsmen legt sie noch das Recht nicht bei,
Das Haupt so stolz zu heben, nein, fragt schüchtern,
Wo denn eu'r Titel zu dem Anspruch sei,
Und weist euch auf den Adel alter Tage;
Hört ihr davon, es dünkt euch eine Sage.

Schack hat es meisterhaft verstanden, durch zahlreiche eingestreute, von attischem Witze und der Vielseitigkeit des Dichters zeugende Bemerkungen über Frankreich und die Franzosen, die russische Willkürherrschaft und das Legitimitätsprinzip, über die jetzige Feuilletonlitteratur, Belletristik und Philosophie, über Musik und Reisen, über große Büchersammlungen ꝛc., das gesammte geistige Leben der Gegenwart zum Hintergrunde seiner Dichtung zu machen und weiß überdies durch einen wahrhaft souveränen Humor alles, was er berührt, aus der Sphäre des Gemeinen und Alltäglichen zu erheben (vergl. Bendel, Zeitgenössische Dichter, Stuttgart 1882).

Schacks „Weihgesänge" gehören der Gedankenlyrik an. Solche Gedankenlyrik kann nur aus einem Dichtergemüth geboren werden, das nach einer zusammenhängenden Weltanschauung ringt oder eine solche sich bereits gebildet hat. Nach dem alten Osten und dem jungen Westen blickt der Dichter dem ersehnten Morgen einer neuen Zeit entgegen, jeder Schimmer desselben wird jubelnd begrüßt. Es weht durch diese Weihgesänge eine allbezwingende Lebensfreudigkeit, vor der selbst der Tod seinen Stachel verliert. Sie tragen uns im höchsten Schwunge der Begeisterung aus dem verworrenen Treiben des Erdenlebens empor in die Regionen des Lichtes.

Seine poetische Beichte hat der Dichter niedergelegt in den
„Nächten des Orients“. Orientalisch ist, abgesehen von dem farben-
reichen Hintergrunde, an dieser Komposition nur noch die Verbindung
von fünf Erzählungen durch eine Rahmengeschichte. Wie Göthes Faust
muthet uns diese Dichtung mit ihren erhabenen Gedanken und tief-
sinnigen Betrachtungen an. Wir wandeln hier in einem Zaubergarten,
der uns durch seinen Blüthenduft labt. Ueber die Grundidee äußert
sich der Dichter selbst in einem Nachworte zur zweiten Auflage: „Der
Mensch ist nicht von einem ursprünglich reinen und glücklichen Zustande
später entartet, hat sich vielmehr im Laufe unzählbarer Jahrtausende
allmählich aus thierischer Rohheit erhoben und steigt zu immer höherer
Entwickelung auf; nicht in der Vergangenheit liegt das goldene Zeitalter, sondern in der Zukunft.“ Wie wir sehen, ist das die Auffassung
der geschichtlichen Entwicklung der Menschheit, welche die neuere Naturwissenschaft lehrt. Aber diese Anschauung wird uns nicht dogmatisch
vorgetragen, sondern der Prozeß ihrer Entwicklung tritt uns als fort-
schreitende Handlung entgegen. Der äußere Rahmen der Dichtung: Das
vatikanische Concil und die politische Wiedergeburt Deutschlands entspricht auch dem von ihm umschlossenen Bilde, das uns in einer außerordentlichen Menge von Einzelgestalten und Gruppen, sie alle zur
schönsten idealen Einheit verbindend, den Fortschritt versinnlicht.

Das Epos „Die Plejaden“ (in zehn Gesängen) kann im
strengsten und eigentlichen Sinne des Wortes eine klassische Dichtung
genannt werden; nicht etwa, weil der Stoff aus der sogenannten
klassischen Zeit genommen ist, auch nicht in der Meinung, die Plejaden
seien ganz in dem Geiste einer griechischen oder römischen Dichtung der
besten Periode dieser Litteraturen gehalten, denn das ist hier garnicht
der Fall: Schack ist durch und durch ein moderner und deutscher
Dichter, er hat sich niemals von der Gegenwart ganz abgewandt,
niemals seine Liebe der glanzvollsten Epoche des griechischen Geistes
so einseitig und ausschließlich gewidmet, daß auch nur Eine seiner
Dichtungen nichts anderes, als eine künstliche, unnatürliche Nachblüthe
jener herrlichen poetischen Litteratur, oder eine bloße Studie wäre, wie
es z. B. Goethes „Achilleis“ bei aller ihrer Vortrefflichkeit ist, sondern
die Bezeichnung „klassische Dichtung“ soll in dem Sinne verstanden
werden, daß hier stets und überall die höchsten ästhetischen Forderungen

erfüllt find. Der Aufbau des Ganzen, die Ausführung der einzelnen Theile, alles und jedes giebt Zeugniß von hohem Schönheitssinne, einer blühenden fruchtbaren Phantasie, einer höchst seltenen künstlerischen Mäßigung und Besonnenheit, die jeder Versuchung zu bloßer Effekt= hascherei widersteht, die auch nicht eine unschöne Linie, keine über= flüssigen Schnörkel und Zierraten duldet und so ein Werk schafft, das einen reinen, durch nichts gestörten Genuß bietet. Das Griechenthum zeigt sich in all dem Glanze und der Herrlichkeit, in der es nur ein gründlicher Kenner und begeisterter Verehrer darstellen kann. Dem Leser werden Beziehungen und Parallelen zur neueren Geschichte unseres Volkes nicht entgehen. Es ist kaum ein Zweifel, daß auch die Wieder= erhebung Deutschlands ihren Antheil an der Wahl des Stoffes hat. (Vergl. Bendel, a. a. O.). Aber auch abgesehen von dieser besonderen nationalen Bedeutung zeichnet sich das Epos durch so viele große Vorzüge aus, daß es allein schon deshalb unter die werthvollsten und unvergänglichen Schätze unserer Litteratur eingereiht zu werden verdient.

Es folgen die „Tag= und Nachtstücke", eine Sammlung von 23 größeren und kleineren Dichtungen, die hinsichtlich der Mannig= faltigkeit der allen Zeiten und Völkern entnommenen Stoffe lebhaft an die „Episoden" erinnern. Die Mehrzahl derselben ist episch, manche aber treten in den Rang der Gedankendichtungen. Hier wird dem Dichter die Erzählung zum Spiegel seiner eigenen Geschichts= und Weltanschauung.

Zu dem Schönsten, was Schack überhaupt geschaffen hat, gehört die größere Dichtung „Memnon, eine Mythe" Aus zerbröckelten Resten einer verschiedenen Zeiten entstammenden Ueberlieferung hat der Dichter sich die festgefügte Erzählung von dem Sohne des Eros gestaltet, der auszieht, seine sehnsüchtig harrende Mutter zu suchen, in Irrthum und Schuld verfällt, aber nach unsäglichem Leiden und furcht= barer Sühne den Vater und sich vom Fluche der Götter erlöst und mit der Mutter in ihrem Reiche vereint wird.

Hierher gehören noch die Sammlungen poetischer Erzählungen „Aus zwei Welten", „Iris", „Weltmorgen", „Sirius", welche von der glänzenden, in voller Frische blühenden Schaffenskraft des Dichters Zeugniß ablegen.

Aeußerst fruchtbar und erfolgreich hat sich Graf Schack auch auf dramatischem Gebiete erwiesen. 1873 erschienen zwei politische Lust=

spiele: „Der Kaiserbote" und „Cancan". Das erste knüpft an
die Sage vom Kyffhäuser an, aus dem Barbarossa seinen Boten
Klaus entsendet, um sich über die Vorgänge in Deutschland (1848)
berichten zu lassen. Allenthalben Geschrei nach Freiheit und Einheit,
Demagogen und Sturmpetitionen, Partikularismus und Reaktion, die
nach der Ablehnung der Kaiserkrone siegreich hereinbricht. Ueber all
das gießt der Dichter die Lauge seiner Satire.

Im „Cancan" ist der Titelheld der Repräsentant des entarteten
Franzosenthums; er ist auch der Jugendfreund und das Werkzeug
eines Olivier, denn er braucht ein fettes Amt, um seine Tänzerin
zu bekommen. Das Kaiserpaar, die verlotterte Regierung, die zum
Kriege treibenden verderblichen Instinkte des Volkes, vor Allem seine
Selbstüberschätzung, werden gegeißelt, der gallische Hahn tritt auf,
zuletzt kläglich zerrupft, und im Chorus neben Garden, Chasseurs und
Turkos die Affen des Zoologischen Gartens. Die Feder scheint dem
Dichter in der Hand gezittert zu haben; er war zu sehr noch von den
großen Ereignissen ergriffen, edle Indignation, heiliger Zorn siegt über
die scherzende, unbekümmerte Ironie, die Satire wird schärfer und
beißender. — Diese beiden Lustspiele haben sich die Bühne nicht erobert, dagegen wurde die Tragödie „Die Pisaner" öfter aufgeführt
und dadurch bekannter. Es liegt derselben die berühmte Geschichte
von der tyrannischen Regierung, dem endlichen Sturze und Hunger-
tode des Oberherrn der Republik Pisa,, Ugolino Grafen von Gherar-
desca, zu Grunde, die eine der erschütterndsten Episoden in Dante's
divina commedia bildet. Das Drama zeichnet sich durch originelle,
sicher durchgeführte Charaktere und spannende Handlung aus. Das
Stück bestand die erste Aufführung in München glänzend. Gewaltiges
Wollen, gewaltige Leidenschaften und ins Große gehende Charaktere
werden uns in „Timandra" vor Augen geführt, namentlich ist die
Mutter des Pausanias, Timandra, eine jener echt tragischen Gestalten,
wie sie selten auf der deutschen Bühne sind. Die Architektonik des
ganzen Stückes ist musterhaft. Eine dramatische Dichtung bedeutsamster
Art ist Altantis. Ein deutscher Fürst, europamüde, hat jenseits
des Ozeans im westlichen Amerika Ländereien angekauft und führt
dorthin im letzten Dezennium des vorigen Jahrhunderts eine Kolonie,
welche sich aus den verschiedensten Elementen, dem Volke wie dem

Stande nach, zusammensetzt. Ein Staat soll begründet werden, ganz auf Vernunft und gegenseitige Harmonie errichtet. Aber die edle Absicht scheitert bald an den Sünden jedes Einzelnen der Betheiligten. Der Fürst verliert sein besseres Selbst in einer Leidenschaft für die Frau seines hervorragendsten Genossen, bei den übrigen Theilnehmern des Unternehmens treten Neid, Hochmuth, Zwietracht, Trägheit und Feigheit immer offener hervor, und Kriege mit den Indianern, ein Konflikt mit fanatischen Spaniern verhindern auch das äußere Gedeihen des jungen Staates.

Eine der edelsten, gehaltvollsten Dichtungen Schacks ist die Tragödie „Heliodor". Diese Dichtung entfaltet ein erschütterndes Gemälde der zerstörenden Kämpfe, in welchen sich der hellenische Götterdienst und das junge aufblühende Christenthum auf griechischem Boden auf Leben und Tod befehden, bis der gewaltige Alarich im furchtbaren Verheerungskriege Heiden wie Christen zu Boden wirft und ganz Griechenland in eine grauenvolle Wüste verwandelt. Die Großartigkeit der Idee, die Hoheit der Weltanschauung, wie sie aus dem ganzen Drama uns entgegentritt, rechtfertigen es allein schon, wenn wir Schacks Heliodor in Parallele zu Lessings Nathan stellen. Das Drama gewährt nicht bloß einen hohen ästhetischen Genuß, sondern ist auch geistig so inhaltreich, daß es auf die ganze Nation bildend und läuternd einwirken muß. — Das Drama „Gaston" zeigt überall die lebhafteste Bewegung und Handlung und ist vielleicht unter allen Schauspielen Schacks mit den effektvollsten Bühnenscenen ausgestattet. Die gleichen Vorzüge zeigen seine letzterschienenen zwei Trauerspiele: „Walpurga" und „Der Johanniter" sowie das dramatische Gedicht: „Das Jahr Eintausend." Ueberhaupt hat Schack das Bedeutendste auf dem Gebiet des Epos und des Drama geleistet, aber auch in der Mehrzahl seiner lyrischen Dichtungen zeigt er sich ganz auf der Höhe seines Könnens. Doch auch in dem weitem Gebiete der Kunst überhaupt ist er wohlbewandert. So liebt er leidenschaftlich die Musik, und was die bildenden Künste anlangt, so zeugt seine Gemäldegalerie in München, Briennerstr. 19 und sein Werk über dieselbe „Meine Gemäldesammlung" (6. Aufl.) sowohl von seiner Kennerschaft, als auch von seinem Edelsinn; hat er doch bedeutenden Talenten lohnende Beschäftigung geboten und einzelnen, z. B. den

Malern Genelli, Feuerbach und Böcklin erst zur rechten Anerkennung verholfen. 1889 gab er ein wissenschaftliches Werk: Geschichte der Normannen in Sicilien heraus, welchem 1890 Pandora, vermischte Schriften und 1891 Mosaik, vermischte Schriften folgten. Sein 1845 erschienenes „Spanisches Theater", die 1878 herausgekommenen Strophen des Omar Chijam, sein bedeutendes Uebersetzungswerk: Orient und Occident, von welchem bisher 3 Bände erschienen, sowie seine neueste Veröffentlichung: Anthologie abendländischer und morgenländischer Dichtungen in deutschen Nachbildungen legen Zeugniß ab von der ungebrochenen, trotz des hohen Alters noch frischgrünenden Schöpfungskraft des Grafen Schack. Sein Leben hat er selbst auf das Anziehendste geschildert in dem Werke: Ein halbes Jahrhundert, Erinnerungen und Aufzeichnungen, 3 Bde., 1888.

Sei es mir noch vergönnt, diese so wenig erschöpfenden Bemerkungen über Schack's geistiges Wirken mit den Worten eines Kritikers abzuschließen, welcher sagt: „Schack's große Epen, Dramen und Hymnen zeigen, daß das Ideal des modernen und nationalen Dichters in ihm den Sieg behalten, daß er jenes Ziel vor Augen hat, welches Georg Brandes als das Ziel der neueren Dichtung bezeichnet. Wahrheit durch realistischen Gehalt, Sittlichkeit durch Erfassung der reinsten, höchsten Ideen, Schönheit durch kraftgesättigte Form, — das sind die drei Attribute, welche der moderne Dichter aufzuweisen hat. Er soll nicht nur Künstler, auch ein Prophet, ein Führer muß er uns sein. Dem Geburtsjahre nach reicht Schack fast in die erste herrliche Triebzeit unserer neuen Litteratur hinein, seinen Dichtungen aber nach zählt er mit einer wachsenden Zahl jüngerer Dichter und Kritiker zu den Bahnbrechern einer Poesie, welche in den Tiefen unserer Zeit und unsres Volkes wurzelt, und deshalb sei ihm dieser Waffengang gewidmet als einem Mittler zwischen dem Einst und dem Jetzt." (Kritische Waffengänge der Gebr. Hart, 5. Heft, Leipzig 1883.)

Emmy von Dincklage.

Freiin Amalie Ehrengarte von Dincklage-Campe, Stiftsdame des hochadeligen, frei-weltlichen Damenstiftes zu Börstel im Osnabrück'schen und Verfasserin jener Erzählungen, welche sich unter dem Namen „Emsland-Geschichten" bekannt gemacht haben, wurde am 13. März 1825 auf dem Rittergute Campe geboren. Das erste Kind ihrer Eltern, trat sie in einen ländlich-patriarchalischen Familienkreis, denn auch die betagten Großeltern bewohnten den Edelsitz, welcher sich von den Vorfahren seit vielen Jahrhunderten von Geschlecht zu Geschlecht weiter vererbt hatte. Der Großvater starb 90 Jahre alt. Derselbe war als Page im hessischen Dienste erzogen und machte dann, als Offizier der hessischen Truppen, den amerikanischen Befreiungskrieg von der englischen Oberherrschaft mit.

Emmy's (Abkürzung von Amalie) Erziehung richtete sich darauf, das rüstige Mädchen zu einer tüchtigen Hausfrau zu bilden, und, nach beendetem Schulunterricht, gereichte es ihr zur Freude, ihre jungen Kräfte praktisch zu verwenden, — sie nahm es in der Arbeit und im Frühaufstehen mit den ländlichen Mägden des Hauses wetteifernd auf. Die hochgebildete und geistreiche Mutter, geb. von Stolzenberg, bereicherte das Wesen ihrer Töchter durch Lektüre, ihnen mit Eifer und Sorgfalt vorzugsweise geschichtliche und litterarische Interessen einflößend, indes der Vater, Freiherr Hermann Eberhard, dem erst nach drei Töchtern ein Sohn geboren wurde, die Mädchen im Schießen, Reiten, Schiffen und allerhand Künsten unterwies, welche Muth und Kraft fördern. Eine kleine Raritäten-Sammlung, dereinst durch den Großvater aus Amerika mitgebracht, — mehrere dunkle echte Perlen, Muscheln, Münzen, Seethiere ꝛc. — mögen in der Enkelin jene Reiselust erweckt haben, welche ihrem Leben ein besonderes Gepräge gab. Die erste weitere Reise fand 1848 statt, wo Emmy ihre Mutter nach Wiesbaden begleitete, die Damen lernten dort einige bedeutende Männer (Heinrich Beitzke, Wilhelm Smets ꝛc.) kennen. Um jene Zeit verlobte sich Emmy mit einem Lieutenant Karl von Wenckstern, die Verlobung wurde aber später wieder aufgehoben. Beide blieben unvermählt. Herr von Wenckstern starb den Heldentod 1866 bei Nachod.

Emmy verlebte einen Sommer in der Familie des schon genannten Major Beitzke in Colberg; der rühmlichst bekannte Historiograph war damals mit seiner Geschichte des Krieges von 1813 beschäftigt.

Die Erziehung von Emmy's jüngeren Geschwistern veranlaßte eine zeitweilige Uebersiedelung der Eltern nach Bückeburg. Dort bildete sich eine sehr hübsche Geselligkeit, deren Mittelpunkt der fürstliche Hof war; Viktor von Strauß und Mathilde Marcard lebten daselbst; die Nähe Mindens veranlaßte Beziehungen zu den Hohenhausens, Mutter und Tochter, zu Elise Polko, Herrn Meding (Samarow) und anderen. Trotz dieser naheliegenden Anregungen hatte Emmy von Dincklage bislang nur einige Gedichte in hochdeutscher und plattdeutscher Sprache veröffentlicht (Gruppes Musenalmanach, Firmenichs Völkerstimmen), denen dann, durch einen Zufall, der Abbruck einer kleinen Novelle, „Das alte Liebespaar", in dem damals sehr angesehenen Cotta'schen Morgenblatte folgte. Die Autorin wußte nicht, daß man mit Schreiben Geld erwerbe und ihr erstes Honorar suchte sie 1½ Jahre (1858). Durch eine freundliche Schickung in die Familie des Rittergutsbesitzers von Fontane eingeführt, welche die Herrschaft Deutsch-Krawarn in Ober-Schlesien bewohnte, erweiterte sich Emmys Blick und Geistesfreiheit. Es waren fröhliche und fördersame Jahre, welche sie in diesen vielseitigen und eleganten Kreisen verlebte, bedeutende Männer, wie Graf Robert Lichnowsky, Beda Dudik, Abt zu Raggern, bevorzugte Künstler und Gäste aller Nationen verkehrten daselbst. In Krawarn entstand der erste Roman „Hochgeboren".

Aber es wuchs auch die Reiselust; außer verschiedenen Ausflügen nach Wien begleitete Emmy die Freundin nach Ungarn, und später zogen beide nach Italien. Selbstverständlich fielen verschiedene Reisen durch Deutschland: München, Hamburg, Berlin, Stuttgart 2c. dazwischen, namentlich als Emmy's Name bekannter wurde. 1866 wurde Freiin Emmy von Dincklage als Conventualin des Stiftes Börstel eingeführt. Da diese Stellung ihr den Rang einer Frau verlieh, so gab sie sich ihrer Reiselust, ihrem Lesens- und Beobachtungsdrange noch ungehinderter anheim. Sie verlebte 8 Winter in verschiedenen Städten Italiens, bereiste mehrfach die Schweiz, Frankreich, Holland, Tirol, ja Dalmatien bis Montenegro. Endlich, 1880—1881 trat sie eine Studienreise nach den Vereinigten Staaten von Nord-Amerika an, die ihr große Triumphe und hohen Genuß eintrug. — Als Mitglied des Schriftstellervereins besuchte sie vier Schriftstellertage und wurde auch außerdem mit zahlreichen Autoren bekannt und befreundet.

Im Herbste 1883 (7. Oktober) wurde ihr das Glück zu Theil, der sechzigjährigen Hochzeitsfeier ihrer Eltern beiwohnen zu dürfen und

die beiden hochgeehrten Greise rüstig und dankbar inmitten eines Festes
zu erblicken, das die Stadt Lingen a. d. Ems, wo das Jubelpaar eine
freundliche Villa bewohn.e, und die Umgegend in weitesten Kreisen zu
verherrlichen sich beeiferte.

Den größten Theil des Jahres verlebte sie zu Lingen bei ihren
Angehörigen. Am 28. Juni 1891 verstarb sie zu Berlin. Sie ist
auf dem Familienkirchhof des Gutes Campe bestattet.

Ihre Romane „Hochgeboren" (1869) und „Tolle Geschichten" (1870) wurden von der Kritik freundlich aufgenommen. Es
folgten 1871 „Neue Novellen", deren realen Hintergrund die Eigenart der friesischen Volksthümlichkeit seit den ältesten Zeiten bildet. Der
erste hat den Titel: „Geborgenes Strandgut" und enthält die Erzählungen „Angela Wilms und der Prinz von Oranien", „Ein alter
Mann", „Haideschäfer", „Die schwarzen Jungfern". Der zweite
„Treue Seelen" betitelte Band enthält „Friesische Köpfe", „Bilder
aus dem Leben einer Königstochter", „Am Dollart". Diese Geschichten
zeigen schon E. von Dincklage's Eigenthümlichkeit in der Charakter-
schilderung ihrer Landsleute. Schärfer aber noch tritt diese in „Geschichten aus dem Emslande" (1872) hervor, von denen Edmund Höfer
sagt: „Man kann sie nicht blos glauben, man muß sie glauben."
Durch die Geschichten aus dem Emslande, welche Land und Bewohner
lebendig vor Augen führen mit all ihren Eigenthümlichkeiten, hat sich
E. von Dincklage ein unvergängliches Denkmal nicht nur in ihrer
engeren Heimath gesetzt. In „Kinder des Südens" (1873), „Tra-
montan", „Die Seelen der Hallas", „Im Sirocco", „Die fünfte Frau"
verläßt sie den Boden ihrer Heimath, den sie in „Aus zwei Welttheilen", „Wir", „Die Amsivarier", „Lieb und Länder", „Blutjung
und andere Erzählungen" mit Glück und zum Glück wieder betritt,
denn ihr Talent weist sie immer wieder nach ihrem Heimathlande.
Sie hat eine feine Beobachtungsgabe und die Gabe, das Einfachste
psychologisch zu vertiefen und in knapper Form darzustellen. Ihre
dichterische Begabung ist reich und originell, besonders in dialektischen
Dichtungen.

Eine Anzahl ihrer Werke sind in zweiter Auflage erschienen und
sehr viele ins Ungarische, Holländische, Französische und Englische
übertragen. Die Autorin wurde durch Ihre Majestät die Königin

Elisabeth von Rumänien mit der goldenen Medaille Bene merenti I. Klasse für Kunst und Wissenschaft beschenkt.

Wilhelmine v. Hillern.

Wilhelmine v. Hillern ist in München am 11. März 1836 geboren. Ihre Mutter war die berühmte, unvergeßliche Charlotte Birch-Pfeiffer, deren jüngstes Kind Wilhelmine ist. Sie war, als die Eltern nach Berlin übersiedelten, ein Kind von sieben Jahren. So ist es wohl die norddeutsche Heimath, der sie das Meiste dankt. Und ein schönes Heim war es, in dem das Verständniß des Kindes zuerst erwachte. Es war kein großer, aber ein auserlesener Kreis, der in dem Birch'schen Hause verkehrte, eine Atmosphäre des Geistes und der Kunst, die das bleiche Kind mit den geisterhaft großen, dunklen Augen einathmete, wie sie wohl selten einem Menschen zu Theil wird.

War es dann auf der einen Seite das rasche impulsive und dabei so tüchtige Naturell der Mutter, was das Kind in sich aufnahm, so wirkte auf der anderen Seite des objektiven geistvollen Vaters, der mit den vollendeten gesellschaftlichen Formen und den Kenntnissen des Weltmannes die Philosophie und den Frieden eines in sich abgeschlossenen, über dem Leben stehenden Geistes in sich vereinte, wohlthuend und klärend auf das aufgeregte Gemüth. Aengstlich hielt Charlotte Birch die Tochter vom Theater fern, um die Leidenschaft für die Bühne nicht in ihr zu wecken. Um so mächtiger war denn aber auch der Eindruck, den der erste Theaterbesuch — es war im „Hamlet", den Joseph Wagner darstellte — auf das frühreife, vierzehnjährige Mädchen machte.

In der dramatischen Darstellung fand sie zuerst den Ausdruck für die eigene, mächtig nach Aussprache ringende Kraft ihres Naturells, und nun stand es fest in ihr, sich der Kunst zu widmen. Es war die kurze Zeit vom siebenzehnten bis neunzehnten Jahre, in der Wilhelmine Birch der Bühne angehörte und mit priesterlicher Begeisterung und seltenem Ernst in ihrem Künstlerberuf aufging — nein, nicht vollständig aufging, denn in stillen Stunden brütete damals schon der junge Geist über Problemen, die dauernder zu fesseln erst der Frau gelungen ist, und inmitten eines, vom Flügelschlag des Ruhmes durchrauschten Lebens entstanden die Gestalten ihrer einstigen Werke.

Ein rasches Ende fand die Bühnenlaufbahn Wilhelmine Birch's durch ihre Verheirathung mit dem Großherzogl. Badischen Kammerherrn und Hofgerichtsrath Hermann v. Hillern. Auch in dem ehrsamen Patriziergeschlecht derer v. Hillern hatte die Poesie ihre Traditionen. War doch im vorigen Jahrhundert, als die Familie noch in der freien Reichsstadt Biberach eine hervorragende Stellung einnahm, ein Vetter derselben, Herr Christoph Martin Wieland, mit Leib und Seele der Lust zu fabuliren verfallen. Auch Hermann v. Hillern besaß neben seinen hervorragenden juristischen Kenntnissen die Gabe der Dichtung und vor Allem ein hohes Interesse für die Kunst in allen ihren Erscheinungsformen.

Das junge Paar siedelte sogleich nach seiner Verheirathung nach Freiburg im Breisgau über, wo Wilhelmine v. Hillern fast sechsundzwanzig Jahre ihres Lebens zugebracht hat. Daß es keine Kleinigkeit war, aus dem bewegten Leben in einer Welt des Geistes und der Kunst mit ihren wechselnden Eindrücken, in die Stille der badischen Provinzialstadt überzugehen, das begreift Jeder, dem höhere Interessen zu einer Nothwendigkeit des Lebens geworden sind. Und wie hat sich Wilhelmine v. Hillern abgefunden mit den einengenden Verhältnissen, in die sie das Leben gestellt hat! Wohl selten hat eine Frau das bekannte Urtheil über die schriftstellernden Frauen ärger Lügen gestraft. Pflichtgetreu im Großen wie im Kleinen, nichts übersehend und nichts vernachlässigend, hat sie ihre Hausfrauenpflichten erfüllt, ihre gesellschaftliche Stellung dem großen Bekanntenkreis entsprechend bekleidet und die Interessen ihrer Freunde zu ihren eigenen gemacht. Wie Wilhelmine v. Hillern es stets verschmäht hat, in ihrem Aeußern, in all' ihrem Thun und Treiben jenen stilvollen Nimbus, jene gesuchte Geschmacklosigkeit in der Kleidung, mit der hervorragende Frauen so gern ihre geistige Ueberlegenheit dokumentiren, zur Schau zu tragen, so hat sie, wie ihre Mutter, auch nie von jenem Vorrecht berühmter Frauen Gebrauch gemacht, welche Inkorrektheiten in ihrem Leben und ihrer Pflichterfüllung für einen Beweis übersprudelnder Genialität halten. So hat Wilhelmine v. Hillern in ihrer Arbeit den Trost gefunden für die ihr auf anderem Felde versagte Bethätigung ihres künstlerischen Genius.

Ihre erste Arbeit war der Roman „Doppelleben" (1865), ein

eigenthümliches Werk, halb Märchen, halb Roman, das den Dualismus
im Menschen behandelt. Ungleich vollendeter war der wenige Jahre
nachher (1869) erschienene Roman „Ein Arzt der Seele". Um
dieses Buch schreiben zu können, mußte die Verfasserin ein vollständiges
Privatissimum der Physiologie hören. Im „Arzt der Seele" behandelt
die Verfasserin Konflikte, in welche die studirende Frau gerathen kann
und muß, und schließt, ohne die Fähigkeit und die Berechtigung der
Frau für den wissenschaftlichen Beruf zu leugnen, doch mit dem Hin=
weis, daß der erste und heiligste Beruf des Weibes innerhalb der Familie
liegt. Im Jahre 1871 erschien die Erzählung „Aus eigener Kraft".
Der Grundgedanke des Buches ist der Sieg eines starken Geistes über
die Unvollkommenheit der Materie. Dann kam die kleine Novelle
„Höher als die Kirche", der im Jahre 1875 „Die Geyer=Wally"
folgte. Die Idee dieses Buches, dessen ursprünglicher Titel „Die
Dorfbrunhild" war, und dessen tragischer Schluß nur durch die fein=
sinnige und liebenswürdige Ueberredungsgabe Julius Rodenbergs von
der Verfasserin in einen versöhnenden verwandelt wurde, ist die Ueber=
tragung des Nibelungenconflikts in moderne bäuerische Verhältnisse, die
alte Thatsache, „daß das Gewaltige wohl sterben, aber nicht aussterben
kann". Ein Sturz mit dem Pferde im Jahre 1876 unterbrach die
Vorstudien zu „Und sie kommt doch". An den Folgen dieses
Sturzes, der ihr einen Arm= und Beinbruch zuzog, hatte W. von Hillern
wohl ein Jahr lang zu leiden. Erst im Jahre 1878, nach mehreren
Jahren ernsten Studiums des Mittelalters, erschien der Roman „Und
sie kommt doch". Es ist vielfach die Vermuthung ausgesprochen worden,
als ob in diesem Buche eine konfessionelle Tendenz vorherrsche. Es
braucht wohl nur einen Hinweis auf das Buch selbst, um zu zeigen,
wie unbegründet diese Ansicht ist. Die Verfasserin mußte, um das
Fatum der Liebe, das, gleich dem antiken Fatum, sich allen Vorsichts=
maßregeln zum Trotz unabwendbar erfüllt, zu schildern, naturgemäß
ihr Buch auf dem Boden spielen lassen, wo ein solcher Konflikt am ersten
denkbar ist, auf dem Boden mittelalterlicher Klosteraskese. Daß Wil=
helmine von Hillern den ungetreuen, zur Strafe für sein vermeintliches
Vergehen schwer büßenden Mönch die überwindende Macht der Liebe
erst dann erkennen läßt, als ihm diese mit erfrorenen Gliedern, vom
Hunger gebleichten Wangen in ihrer reizlosesten, von allem Sinnlichen

losgelösten Gestalt entgegentritt und somit der religiösen Askese ge=
wissermaßen die Askese der Liebe entgegenstellt, ist ein ebenso feiner
als idealer Zug in dem Werke.

Im Jahre 1878 erschien ihr Lustspiel „Die Augen der Liebe",
welches seitdem über viele Bühnen mit Erfolg gegangen ist. Ihre letzte
Arbeit war die Dramatisirung ihrer „Geyer=Wally", dann begann
mit der Erkrankung ihres Gatten eine zwei Jahre lange Leidenszeit für
sie, die sie an jeder Arbeit hinderte. Noch war es dem Kranken ver=
gönnt, zugleich mit der Verlobung seiner Tochter Charlotte das Fest
seiner silbernen Hochzeit im Kreise seiner Familie zu feiern, dann er=
löste ihn wenige Monate später der Tod von seinem Leiden, und
Wilhelmine von Hillern ging als Wittwe physisch und seelisch krank
aus der Leidensstätte, in der sie zwei Jahre hindurch ihre beste Kraft
wie eine barmherzige Schwester aufgeopfert hatte, hervor.

Es wird wohl jedem, der den Zusammenhang zwischen der dichte=
rischen Produktion und den durch äußere Ereignisse bedingten Seelenvor=
gängen nicht gänzlich leugnet, begreiflich erscheinen, daß das erste Werk,
welches W. v. Hillern nach jener langen Leidenszeit schrieb, gleichsam
den Todesgöttern geweiht und von den Schauern des Todes umflossen
war, die in jenen Tagen durch die Seele der Dichterin zogen. So
war die kleine 1883 erschienene Novelle „Friedhofsblumen" für
ihren Genius gleichsam der erlösende Schritt vom Tode zum Leben.
Ihr Oberammergauer Passionsroman „Am Kreuz" (1890) brachte in
der Presse einen Sturm der Entrüstung hervor, obleich er einer edlen
Absicht entsprang.

Wilhelmine von Hillern fügt dem poetischen Moment den philo=
sophischen Gedanken bei und erschöpft ihn bis in seine letzten Konse=
quenzen. Wie durch den Character W. von Hillerns bei all seiner
Milde und leichtlebigen Erregbarkeit ein Zug fast asketischen Pflichtge=
fühls, unerbittlicher Strenge geht, der das bunte Unkraut weichlich
schwärmerischer Empfindungen, rasch entstandener Wünsche in der
eigenen Seele vernichtet, so wird auch in ihren Büchern der Gedanke
scharf präzis und logisch durchgeführt, unbekümmert um die poetischen
Blumen, die bei seiner Ausarbeitung rechts und links am Wege zer=
stört werden. Wilhelmine von Hillern ist impulsiv, wie ihre Mutter,
aber den kräftigen Impuls dämpft eine Farbenskala fast krankhaft feiner

Empfindungsnüancen des Seelenlebens, ein unbeirrbar richtiges Ge=
fühl für die Form in Kunst und Leben. Die Vermischung des nordischen
Elements des dänischen Vaters mit dem leichtbeweglichen Schwaben=
naturell der Mutter hat diese scheinbaren Kontraste erzeugt.

Rüstig thätig auf geistigem Gebiete schafft W. von Hillern noch
jetzt und mag uns noch manche schöne Blüthe ihres Geistes schenken.

Graf Emerich von Stadion.

Graf Stadion ist der Träger eines wahrhaft erlauchten Namens.
Wahrhaft erlauchte Staatsmänner waren es, die seit mehr denn fünf
Jahrhunderten die Familie Stadion dem Staate Oesterreich geschenkt
hat. Von jenem Stadion, der schon zu den Geßler=Zeiten in der
Schweiz als Landvogt Oesterreichs klug und milde schaltete, bis zu
dem Grafen Stadion unserer Tage, der, wie fast alle Stadions, ein
freigesinnter, josephinisch=liberaler Staatsmann ist, waren alle Stadions,
von denen die Geschichte zu erzählen weiß, bedeutende Politiker, auf=
opfernde Patrioten, sehr erkorene Geister. Als es sich um die Theil=
nahme Oesterreichs an den Befreiungskriegen gegen Napoleon handelte,
war es ein Graf Stadion, der, obgleich er als Minister dem Metter=
nich weichen mußte, in flammend patriotischen Reden und Schriften
zuerst den deutschen Geist Oesterreichs weckte und von einem deut=
schen Beruf des Oesterreichers sprach. Auch Dichter, Schrift=
steller und Philosophen zieren den Stammbaum der edlen Stadions.

Ueber seinen äußeren Lebensgang berichten wir kurz: Emerich Graf
Stadion wurde am 17. Februar 1838 zu Bellatinez in Ungarn ge=
boren, als der Sohn des Grafen Damian von Stadion und Thann=
hausen und der Katharina, geb. Fürstin Ghika. Als elfjähriger Knabe
schrieb er sein erstes Theaterstück, das Zaubermärchen „Der Erdgeist",
und komponirte sein erstes Klavierstück. Im frühesten Jünglingsalter
machte er sowohl durch sein Bühnentalent, das er durch Vorstellungen
zu Wohlthätigkeitszwecken bethätigte, sowie durch das Vermögen eines
magnetischen Schlafes viel von sich reden. Ebenso frappirend wirkte
schon damals sein phantastisches Klavierspiel. Achtzehn Jahre alt, trat
er in die österreichische Armee ein und zeichnete sich als Offizier bei
den Kaiserjägern in den Schlachten von Magenta und Solferino aus.

Seitdem er seinen Abschied genommen, führte er ein Wanderleben. Seine im Jahre 1867 in Wiesbaden mit einer geschiedenen russischen Gräfin geschlossene Ehe wurde nach acht Monaten wieder getrennt. Gegenwärtig wohnt Graf Stadion in Perchtoldsdorf bei Wien.

Von seinen Werken mag gelten, was er einem ungarischen Dichter-heros zuruft:

„Phantast'sche Wunderblüthen, die dein Genius sich zur Krone wand."

Blüthen sind es, so seltsam geformt, so eigenartig landfremden Duft aushauchend, in satten grellen Farben leuchtend und dann auch wieder wie unter mystischen Mondschleiern geheimnißvoll, unheimlich schimmernd. Der Zauber der weiten ungarischen Ebene, der Märchen-glanz der Fei Délibáb (Fata Morgana), die dem Wanderer in der Einsamkeit der Pußtafernen wunderbare, fremde Märchengebilde malt — sie weben des Dichters phantastische Traumbilder, und aus seinen Liedern jubeln und weinen jene geheimnißvollen Stimmen, von welchen der halbvergessene österreichische Poet J. N. Vogl sagt, daß sie nur dann erklingen, „wenn Engel durch die Haide zieh'n."

Eine tiefe Schwermuth ist Grundstimmung der meisten Stadion'schen Lieder. Auch dort, wo seine schrankenlose Phantasie die Ein-wirkungen überirdischer Gewalten auf Handeln und Schicksal der Sterb-lichen mit schauerndem Behagen malt (wie in „Spuk"), da erscheinen diese Einwirkungen fast immer als verderbliche, zumeist im Gefolge einer tragischen Schuld auftretend. Doch erscheint sein Pessimismus im Ganzen eher als eine transcendentale Sehnsucht nach einer schöne-ren, geträumten Heimath, ein schüchternes Zurückweichen der Dichter-seele vor dem schalen und wirren Alltagstreiben, das Einsamkeitsgefühl eines kindlich-weichen Poetenherzens, das sich „ein Fremdling fühlt überall".

Elise Polko sagt sehr bezeichnend von Emerich Stadion (Ein Ver-gißmeinnichtstrauß. Novellen und Skizzenblätter, 1884): „Ueber seinen Dichtungen hängt der dunkle Schleier einer tiefen Schwermuth, oder etwas Ruheloses, Hastiges, Unvermitteltes haftet ihnen an. Ein reiches Herz enthüllt sich hier, das unsagbar litt, und eine muthige Seele, die un-ablässig ringt, eben dies Leid zu tragen. Unter den Musikern ähnelt ihm Chopin, unter den Malern der düstere, phantastische Gabriel Max. Ein Sohn der wunderbaren Pußta, gemahnt seine Poesie an die berückend schöne Zigeunermusik seines Landes, deren Zauber sich nicht definiren, nur eben empfinden läßt."

Unter Stadions zahlreichen dramatischen Werken sind nur zwei, über welchen jener geheimnißvolle Duft lagert, von dem diese Dichterin hier in so treffenden Vergleichen spricht: „Ein Sylvesternachtsdrama" und „Isfried von der Düne", den man einer duftschweren, exotischen Blüthe vergleichen möchte, die aus einem mystischen Halbdunkel geisterhaft hervorschimmert. „Das Theater", schreibt er von sich selbst, „übte von früh auf eine magische Wirkung auf mich aus, und alles Geheimnißvolle, Ueberfinnliche fand einen stillen, bleibenden Ankergrund in meiner Seele".

Seine zahlreichen Lustspiele, Blüetten und Salonstücke erzählen von dem eigensten, innersten Wesen des Dichters wenig oder nichts. Umsomehr thun dies seine lyrischen Gedichte, seine Aphorismen und jene kleinen poetischen Prosabilder, die sich in seinen Werken zerstreut finden, jene „Märchen aus dem Leben", durch die oft ein so schriller Mißklang zittert, daß es uns schmerzlich ans Herz greift, und wir unwillkürlich den Wunsch in uns aufsteigen fühlen wie ein Gebet: gelänge es dieser ringenden Dichterseele, sich zu befreien von der Dornenlast der Heimathlosigkeit, die Ausdruck findet in der stets wiederkehrenden Klage: es gäbe für sie und nur für sie kein Glück und keine Stätte hier auf Erden. Hat er doch eins seiner frühesten Werke selbst die „Rhapsodien eines Heimathlosen im Herzen" (Hamburg 1882) betitelt.

Diesem Buche folgte die grauenhaft unheimliche Erzählung „Vitae damnata", eine abnorme Geschichte (Leipzig und Teschen 1877), in der wir bis zum Ende schwüle Gewitterluft athmen, während uns in dem Wanderbuch eines Handwerksburschen (Leipzig 1878) das reizende, erlebte Märchen Arkadi und die wunderbar schön gedachten „Paramythien" entzücken. Sie leuchten uns entgegen aus den zahlreichen traurigen, bitteren Wahrheiten, die dieses seltsame Buch uns sagt, wie fern glänzende Frühlingslandschaften, in die wir aus feuchtkalten, unterirdischen Gruftgewölben hinaustreten.

Die in Gemeinschaft mit seinem vertrauten, nun verstorbenen Freunde E. M. Vacano 1869 in 2 Bänden herausgegebenen „Dornen Erinnerungen und Ahnungen in 3 Romanen" sind ein überaus fesselndes Werk und enthalten fast nur Erlebtes. Karl Beck urtheilte über ihn: „Er (der Roman) ist bedeutend, geradezu sensationell, und daß ihn unsere Kritik todtschweigt, ist für ihn das beste Zeugniß. Tendenz und Stil meisterhaft, psychologisch richtig durch und durch. Ein wahrer Vorgänger der nicht mehr lange auf sich warten lassenden neueren Litteratur. Doch wie nicht anders zu gewärtigen, müssen diese beiden Pioniere, welche die Wendung des litterarischen Geschmacks mit richtiger Empfindung vorhersehen, die übliche Uebergangslaune eines kritischen Publikums zu verkosten bekommen." Der überaus spannende Roman hat, wie erst kürzlich eine geistreiche Capazität auf dem Gebiete der Litteratur sich geäußert, nur den einen Fehler, daß er zwanzig Jahre zu früh erschienen ist, jetzt hätte er den durchschlagendsten Erfolg und gewiß auch mehrere Auflagen erlebt.

Von denselben Autoren, Stadion und Vacano, ist noch ein zweites gemeinsames Werk 1882 erschienen: „Asta's Lieder", die Herzensgeschichte einer Gräfin. Dies Buch ist das originellste in seiner Art. Um es gänzlich verstehen zu können, muß es unbedingt am Klavier gelesen werden. Der Musiktheil, eine Fülle herrlicher Lieder, bildet das Sujet des Romans; aus den Tönen entwickelt sich eine zarte Liebesgeschichte, die ebenso wieder durch das Lied ihren schönen, poesievollen Abschluß findet. Vacano und Stadion waren nicht nur wahlverwandte Poeten, sondern auch als Prosaschriftsteller ergänzten sie einander geradezu.

Nach längerer Pause erschienen (1882, Wien und Teschen) die „Schatten im Licht", die u. a. die höchst originelle Novellette: „Romanze des Sonderlings" brachten — eine der bizarrsten Schöpfungen, die je aus der Feder und der phantastischen Laune eines Poeten geflossen, auch zahlreiche Aphorismen, jene Geistesblitze, die uns Einblick gewähren in eine alle Höhen und Tiefen des Menschenwesens durchdringende, somnambüle Dichterkraft. Eine ganze Sammlung dieser Aphorismen: „Vom Baume der Träume", erschien in reizender Miniaturausgabe bei Stahel in Würzburg. Die wildromantischen Zigeunerreime folgten 1884 (Wien), in deren Rhythmen die regellosen, schwermüthigen und auch wieder toll aufjauchzenden Geigenklänge jener braunen, unheimlichen „ewigen Wanderer" widerhallen. In einem besonderen Abschnitte findet sich hier auch

der Beginn unvergleichlich scharf und klar gezeichneter Dichter- und
Künstlerprofile, die dann später in dem 1886 erschienenen „In Duft
und Schnee" fortgeführt wurden. Sie sind voll treffender
Charakteristik und zugleich poetischen Reizes. Dazwischen liegen die
„Einsamen Lieder" 1885 (Minden), die in ihrer zumeist düster-
wehmüthigen Klangfarbe unter allen lyrischen Schöpfungen Stadions
die für seine Eigenart bezeichnendsten genannt werden müssen. Sie
scheinen mir sein tiefstes Herzensleben, sein Sehnen und Träumen
weit heller zu beleuchten, als seine früheren Poesien. Der Dichter
findet hier wunderbare Herzensklänge, so warm und innig, so tief
empfunden und menschlich wahr. Geradezu herrlich sind die Bilder
zu nennen, die er hier in Anwendung bringt. Sie mahnen an die
Gleichnißpoesie der orientalischen Dichter, die uns ein Empfinden
oder den Gegenstand desselben so anschaulich macht, wie etwa der
Duft uns die Blumen vor Augen zaubert.

Im Jahre 1890 erschien in Wien „Christbaumflitter", ein
Weihnachtsbuch, welches gleich seinen früheren Werken von der gesammten Kritik äußerst glänzend aufgenommen wurde. Der Inhalt
dieser lyrischen Sammlung zerfällt in drei Abtheilungen: Rauschgold,
Vergoldete Nüsse und Engelhaar. Auch hier tritt uns der geniale,
dichterisch hoch veranlagte Geist Stadions entgegen mit seinem warmen
Idealismus, wozu sich, wie immer bei ihm, Melancholie und Pessimismus als trübe Schatten gesellen, entstanden aus einem leid- und
entsagungsvollen Leben, das manches Glück, aber noch mehr Schmerz
erfahren hat, und dem wenige Hoffnungen geblieben sind. Dies Buch
gemahnt uns lebhaft an Lenau. — Seine 1892 erschienenen „Frauen-
blumen", Bilder in Versen und Träumereien, der Dichterin Elise
Polko gewidmet, enthalten formschöne, sinnige und treffende Epigramme über lebende und todte Dichterinnen, welche die Individualitäten derselben fein poetisch charakterisiren. Es ist ein Salonbüchlein
der edelsten Art.

Die Dichtung in dem 1890 erschienenen dreiaktigen Drama
„Die Schwalbe" ist wirkungs- und reizvoll. Alles darin ist echte
Poesie. Mögen sich auch hier und da einige Mängel im Aufbau des
Stückes zeigen, das alles wird durch den wirkungsvollen Gesammt-
eindruck des Schauspiels überwogen. Am 19. Dezember 1880 ging

„Die Schwalbe" am Stadttheater zu Znaim vor einem fast übervollen
Hause das erste Mal in Scene. Der Erfolg war ein großartiger,
ein über alle Erwartungen glänzender. Der bescheidene Dichter, der
die Aufführung persönlich geleitet, wurde während des ganzen Abends
unzählige Male stürmisch gerufen. Mit glänzendstem Erfolge wurde
dasselbe Stück auch am Hoftheater in Wiesbaden, am Thaliatheater
in Hamburg, am Stadttheater in Straßburg und am Karl-Theater in
Wien zur Aufführung gebracht.

Kürzlich erschien vom Grafen Stadion ein neues Bändchen Gedichte „Sub spinis florens", ein Osterbuch. Von früheren
dramatischen Erzeugnissen sind noch zu nennen: Christa, Drama (1869),
Die Gräfin Egon Lohhausen, Drama (1874), Zerstäubende
Funken, Blüette (1877), Marg. Reines, Blüette, Todte Blätter,
(1878), Délibáb (mit Vacano), Drama (1886). Noch unveröffentlicht
sind drei mit Vacano gemeinsam verfaßte Bühnenstücke: „Das Irr-
licht von Florenz", „Der kleine Peter der Große", „Die
Elster". Hoffen wir, daß auch diese recht bald den Weg auf die
weltbedeutenden Bretter finden!

Stadion ist eine echte ungarische Poetennatur, gleich Beck und
Lenau. Die Poetenfantasie ist sein eigentliches Leben. Wir drücken
ihm warm die Hand, dankend für all das Schöne und Edle, das er
uns in seinen reizvollen Gedichten bietet.

Wilhelmine Gräfin von Wickenburg-Almásy.

Sie ist die Tochter des k. k. Geheimen Rathes Grafen Almásy
von Zsádány und Török-Szent-Miklós, Präsidenten der ungarischen
Hofkammer, späteren Sektionschefs im k. k. Finanzministerium, Staats-
rathes und zuletzt, bis 1873, Gouverneurs der Allgemeinen österreichischen Bodenkreditanstalt, aus dessen zweiter Ehe mit Rosa Gräfin
von Festetits de Tolna und wurde am 8. April 1845 zu Ofen
geboren. Bereits im zehnten Jahre kam sie mit ihren Eltern nach
Wien, wo sie deutsch gebildet und erzogen wurde. Schon frühzeitig
drängte es sie, dichterisch zu produziren, aber die sämmtlichen Dichtungen aus jener Zeit sind unveröffentlicht geblieben. Die Hofschau-
spielerin Julie Rettich beeinflußte ihre dichterische Bildung nachhaltig

und lenkte auch die Aufmerksamkeit ihres Freundes Friedrich Halm (Freiherrn von Münch=Bellinghausen) auf die talentvolle, in der Ent= wickelung begriffene Dichterin. Dieser ward der jungen Poetin ein freundlicher Berather und verbesserte hie und da ihre Erstlingsprodukte. 21 Jahre alt war die Dichterin, als sie ihren ersten Band „Gedichte" veröffentlichte, die nur für den engen Kreis der Freunde und Bekannten als Manuscript in wenigen Exemplaren gedruckt wurden. Dennoch drangen einige Exemplare in die Oeffentlichkeit und wurden von der Kritik so glänzend empfohlen, daß bald eine zweite Ausgabe bei Gerold in Wien erschien (3. verm. Auflage Wien 1882, Gerold). Die Kritik rühmte an diesen Gedichten eine bei der Jugend der Verfasserin auf= fallende Reife der Gedanken und seltene Glätte der Form. Graf Albrecht von Wickenburg fand in den Gedichten der Gräfin Almásy eine ihm verwandte Seele, zu der es ihn so mächtig hinzog, daß er beschloß, noch ehe er die Dichterin persönlich kennen gelernt, um ihre Hand anzuhalten. In der That fand schon in kürzester Frist die Verlobung und dann die Trauung des jungen Paares statt, das seitdem in der glücklichsten Ehe lebte. Rascher und freier entfaltete sich nun das Talent der Dichterin. Es erschien 1869 eine neue Sammlung ihrer Dichtungen („Neue Gedichte", Wien, 1869), welche noch tiefere Empfindung, als die erstgesammelten, verrathen. 1871 erschien ihr erster Versuch auf epischem Gebiete, das Gedicht Emanuel d'Astorga (Heidelberg, 2. Aufl. 1875) und 1873 eine gemeinschaftlich mit ihrem Gatten ver= faßte Uebersetzung der reizenden Feerie „Nymphidia" des Michael Drayton, Shakspeares Zeitgenossen, mit Illustrationen von Prof. Eduard Ille in München, dann wieder eine neue Folge von Gedichten „Erlebtes und Erdachtes" (Heidelberg 1873). Hierdurch wurde die Gräfin Wickenburg-Almásy über Deutschland hinaus bekannt. Johannes Scherr zieht zwischen ihr und der Dichterin Annette von Droste= Hülshoff eine Parallele, worin er uns auf Erkenntniß der Gegen= sätzlichkeit der beiden dichterischen Individualitäten leitet und auch der Oesterreicherin die ihr gebührende Stelle auf dem Parnaß einräumt. Das nun folgende Gedicht „Der Graf von Remplin", eine Er= zählung in Versen, (Wien 1874) erzählt die Lebensschicksale des an seiner Theaterleidenschaft zu Grunde gegangenen mecklenburgischen Grafen von Hahn — des sogenannten „Theatergrafen", Vaters der

Gräfin Ida Hahn-Hahn. Joseph Lewinski erzielte mit dem öffentlichen Vortrage dieses Gedichtes in Wien eine große Wirkung. Das nächste Gedicht „Marina", ein erzählendes Gedicht (Heidelberg 1876), ist eine eigene Erfindung der Dichterin. Die Heldin ist eine von Fernando Cortez losgekaufte Sklavin, der historische Hintergrund die Eroberung Mexikos und die tragischen Schicksale des unglücklichen Königs Montezuma. Wirkungsvoll sind die gewaltigen Kämpfe und reichen tropischen Naturscenerien. Ihren Versuch auf dramatischem Gebiet, „Radegundis" (Wien 1880), in welchem sie uns das Verhältniß der nachmals heilig gesprochenen Gemahlin des Frankenkönigs Chlotar zu dem römischen Dichter Venantius Fortunatus zeichnet und das mit völliger Entsagung der Heldin und ihrem Gang ins Kloster endet — „Ein Heiligenbild auf Goldgrund", nannte es treffend Dingelstedt. Das Stück kam nie auf die Bühne, wurde aber von Lewinski gleichfalls öffentlich mit großem Beifall vorgetragen. Zur Aufführung wurde das Schauspiel „Das Dokument" angenommen, welches die Geschichte der byzantinischen Kaiserin Eudoxia und des Diogenes Romanus behandelt. Heinrich Laube nahm es für das Wiener Stadttheater an, indessen gelangte es dort wegen der inzwischen über das Theater hereingebrochenen Katastrophe nicht zur Darstellung. Es ging jedoch am 17. Februar 1882 am Frankfurter Stadttheater und am 10. März 1882 im königlichen Schauspielhause zu Berlin in Scene und wurde dort öfter wiederholt. Die dramatische Begabung der Dichterin wurde von der Kritik voll und ganz anerkannt. Einen wirkungsvolleren Erfolg erzielte die Gräfin Wickenburg mit dem Einakter in Versen „Ein Abenteuer des Dauphin", welches am 7. October 1882 am Wiener Hofburgtheater gegeben und sehr beifällig aufgenommen wurde. Das Stück ist 1882 bei Rosner in Wien erschienen. Seit jener Zeit hat Gräfin Wickenburg kein Buch veröffentlicht. Schwer leidend suchte sie in Gries bei Bozen (Südtyrol) Heilung. Einige durch ihren Aufenthalt in Tyrol angeregte poetische Arbeiten — Sagen und Legenden — sind in verschiedenen Zeitschriften erschienen, theilweise auch von Lewinski in Wien und anderwärts öffentlich vorgetragen. Ihr Gedicht „Mahnruf an die Deutschen in Oesterreich" ist von mehreren Componisten u. a. von Reinhold Becker, Dirigenten der Dresdener Liedertafel, in Musik gesetzt. Auch auf musikalischem Gebiete hat sich die Gräfin bedeutend hervorgethan; sie ließ sich vielfach in Wiener Kirchen und Concertsälen vernehmen und erntete volles Lob. Am 22. Januar 1890 erlag sie ihrem Leiden, tief betrauert nicht nur von ihrem Gatten und zwei Kindern Rosa und Robert, sondern von allen, denen ihre Dich= tungen lieb und werth geworden sind. Ihr Gatte gab 1890 aus dem Nachlasse der Verstorbenen in Wien bei C. Gerolds Sohn ihre „Letzten Gedichte" heraus. Nach dem übereinstimmenden Urtheil der compe= tentesten Kritiker enthält dieser Band das Reichste und Bedeutendste, das die so früh Dahingeschiedene überhaupt geleistet hat. Wir schließen mit dem Worte eines Kritikers, welcher von ihr sagt: Diese schöne Frauenseele ist ein stiller Tempel, in welchen der vernichtende Frost des Lebens sich nicht hineinwagt; treu bewahrt lebt darin der schöne Glaube an das Ideal und eine milde Religiosität, die sich ohne Ostentation ausspricht. Sie selbst aber zeichnet sich treu mit folgenden Worten:

> Das volle Herz gieb hin dem Leben,
> In Lieb' und Sehnen, Schmerz und Lust
> Laß es vergehn: Doch klar bewußt
> Laß den Gedanken drüber schweben!

Richard Albert von Meerheimb.

Im Preußischen Adelslexikon von Zedlitz=Neukirch (1837) finden sich folgende Notizen über das Geschlecht derer von Meerheimb:

„Das alte vornehme Geschlecht der Freiherren und Herren von Meerheim, auch Meerheimb geschrieben, stammt vom Niederrhein. Bei Cöln liegen auf beiden Seiten des Flusses Orte, die beide noch heute bestehen und Meerheim heißen; in den Urkunden der Stadt Cöln, des Klosters Berg, der Burg Sterle u. s. w. von den Jahren 1216, 1330, 1336, 1338, 1354, 1375 u. s. w. findet man viele jenes Namens als Ritter, milites erwähnt, unter diesen um das Jahr 1350 besonders einen Johannes von Meerheim, der als Bruder des Herrn von Levenburg sowohl, als seiner Persönlichkeit wegen be= deutend gewesen zu sein scheint. Dieser Johann von Meerheim stammte in gerader Linie von Gottfried Grafen von Sponheim, dessen zweiter Sohn, Heinrich, Agnes, die letzte Erbin des mächtigen und

reichen Hauses der Herren von Heinsberg, heirathete, den Namen
Heinsberg annahm und eine neue Linie, welche sich wieder in die
Heinsberg und Levenburg theilte, stiftete. Die Levenburg liegt im
Siebengebirge, jetzt Ruine. Doch weit früher, als jene oben erwähnte
Heirath geschlossen wurde, gab es Herren von Meerheim, und so ist
es wahrscheinlich, daß jener Johann von Meerheim eines der Schlösser
Meerheim besaß und den Namen davon annahm, als sie Besitzer
davon wurden. Im Jahre 1592 wurden die von Meerheim sowohl
von Cöln, als von ihren Besitzungen vertrieben; sie waren Protestanten
und dieses die Ursache jener Gewaltthat; sie wanderten nach Halle,
kauften sich dort mit den wenigen Trümmern ihres Vermögens in
den Salzwerken ein und wurden also Mitbesitzer, Pfänner; es waren
vier Brüder. Ein anderer von Meerheim kam auch nach Sachsen,
heirathete dort Anna von Winkelholz und diente als Soldat dem
Kurfürsten von Sachsen. Im Jahre 1628 war er in Dresden; er
hatte nur ein Kind, Hans Wilhelm; dieser verließ im achten Jahre
seine Eltern und zog mit den sächsischen Truppen. Dort wurde er
später Offizier, trat im 21. Jahre in österreichische Dienste, zeichnete
sich vielfältig aus und war im 32. Jahre Oberst und Kommandeur
der Garde Montecuculis. Kaiser Ferdinand III. und Erzherzog
Leopold schenkten ihm eine goldene Kette mit ihren Bildnissen, und
Leopold erhob ihn 1669 in den Freiherrnstand „wegen seiner Thaten
im deutschen Kriege.“ Im Jahre 1660 war er in Mecklenburg, lernte
dort Eleonore von Oertzen aus dem Hause Roggow in Mecklenburg
kennen, heirathete sie und kaufte Chemern. 1675 trat er in dänische
Kriegsdienste, wurde General und machte sich in den Kriegen gegen
Schweden wesentlich verdient. Nach dem Frieden von 1680 wurde
er Gouverneur mehrerer Inseln und starb 1688 auf Chemern. —
Weitere Folge: Johann Friedrich diente von 1800—22, Hans
Wilhelm, mecklenburgischer geheimer Kammerrath, Ludwig Wilhelm,
Kanzleirath, Johann Friedrich, Besitzer der Güter Chemern; beide
andere Brüder hatten die Güter Wockreut, Großbelitz, Groß-Gischow
und Reinsdorf, unveräußerliche Fideikommiß-Besitzungen.“

Richard von Meerheimb wurde am 14. Januar 1825 zu Großen-
hain in Sachsen geboren. Sein Vater war der Oberst der Kavallerie
Ludwig von Meerheimb, welche sich durch seinen Antheil bei der Er-

stürmung der großen Redoute an der Moskwa rühmlichst bekannt
machte. Seine Mutter Adelheid, geb. Peine, war eine edle Frauen-
natur, heimisch zu Kalau in der Nieder-Lausitz. Schon früh wurde
der Knabe zu ritterlichen Uebungen angehalten, seine Begeisterung für
die Helden des Alterthums, sowie der militärische Sinn im Vater-
hause ließen ihn den Militärstand als Lebensberuf begehrenswerth erscheinen. 1832 wurde der Vater nach Dresden versetzt und hier erhielt Richard eine treffliche Ausbildung, bis er 1839 in das Dresdener
Kadettenhaus aufgenommen wurde. 1843 trat er in die sächsische
Armee ein und wurde 1844 Lieutenant. Philosophie, Kriegswissen-
schaften, Kunst- und Litteraturgeschichte, Studien fremder Sprachen
waren neben seinem militärischen Beruf seine eifrigste Beschäftigung,
und zahlreiche Uebersetzungen aus den modernen Sprachen legten den
Grund zu der Formgewandtheit, die seine Werke auszeichnen. So
erschien denn, gestützt auf umfassende Vorstudien, 1848 sein Erstlingswerk „Gulat und Tschadra," Gemälde aus Tscherkessien, unter
dem Pseudonym Hugo von Meer (Leipzig, Brockhaus.) Dieses
epische Gedicht schildert in vier Gesängen die Freiheitskämpfe der
kaukasischen Volksstämme gegen Rußland und erschien nach 12 Jahren
in zweiter Auflage. Bei der Bewegung 1848 flüchtete er, schwer
krank, von Burgstädt aus über Mittweida, Waldheim und Riesa nach
Dresden und hätte hier leicht erblinden können, da er mit noch un-
geheilten Spitzblattern unter strömendem Regen auf offenem Markte
bivouakirte. Diese traurigen Erlebnisse hat er selbst in einem in
Sachsens Militär-Vereinskalender a. d. J. 1864 erschienenen Aufsatze:
„Meine Tage vor den Barrikaden" beschrieben. Unmittelbar nach dem
Maikampfe wurde er zum Oberlieutenant ernannt und machte nun
bis zum November 1849 Kreuz- und Querzüge zur Pacifizirung des
Landes. Eine Fußreise führte ihn 1851 in Gemeinschaft seiner
Jugendfreunde K. von Einsiedel und A. von Berlepsch durch Böhmen,
Salzkammergut und Tirol nach Oberitalien. Bei einem längeren
Aufenthalte in Venedig fand er Gelegenheit, künstlerische Studien zu
treiben. In dem nun folgenden Jahre bis zum Kriege 1866 hat von
Meerheimb am meisten auf litterarischem Gebiete produzirt. 1858
entstand, angeregt durch seines Vaters lebendige Berichte über den

4

russischen Feldzug 1812, das Heldenlied „Die Sachsen an der Moskwa" (Dresden), welches Wolfgang Menzel so beurtheilt: „Der Dichter hat sich als ein guter Schlachtenmaler bewährt; er weiß die Einbildungskraft des Lesers mit prächtigen Schlachtenbildern zu erfüllen und das Gemüth durch die Schrecken der Schlacht zu erschüttern. Er versteht das Feuer, das in ihm selber glüht, auch seinen Lesern mitzutheilen. Mancher moderne Sänger, der einen größeren und scheinbar dankbareren Stoff vor sich hatte, verstand dies nicht so gut."

Die Sommertage des Jahres 1855 benützte er zu einer Wanderung durch das Riesengebirge und 1857 gab er seine „Soldaten-Welt" heraus, worin er die militärischen Tugenden aller Nationen verherrlicht. Das Werk hat hohen poetischen Werth. Nicht nur die Thaten allgemein bekannter Helden, auch die des gemeinen Soldaten werden hier glorifizirt; dadurch gewinnen die Dichtungen an besonderer Bedeutung. Das Jahr 1859 brachte Dichtungen unter dem Titel: „Poeten-Welt", welche in vier Abtheilungen zerfallen: Poet und Welt, Poet und Liebes-Leid und Lust, Poet und Dämon, Poet und Gott. Die Breslauer Zeitung (1859) bemerkt zu diesem Werke: „Kraft, Phantasie, Gedankenfülle, ein wilder dämonischer Zug unterscheiden diese Gedichte vortheilhaft vor den lyrischen Milchsuppen, die uns jetzt so häufig vorgesetzt werden."

Schon in diesen Dichtungen finden sich Ansätze zu der später vom Dichter ausgebildeten Form der Psycho-Monodramen, sie sind der Ausgangspunkt, von dem aus wir die geistige Entwickelung Meerheimbs bis in seine neuesten Schöpfungen hinein verfolgen können. Leider gestattet uns der Raum nicht, einige dieser herrlichen Dichtungen anzuführen; man lese selbst in des Dichters Werken nach.

Die Schrift: „Nieder mit Neu-Babylon" (Leipzig 1861) beklagt die Zerfahrenheit des deutschen Reiches und die sittenverderbende Herrschaft des überrheinischen modernen Babel. Der Dichter wird hier zum treuen Warner, der nicht ohne Bangen in die Zukunft sieht. Das Werkchen wurde (bereits bibliographisch in der Leipziger Illustr. Zeitung angezeigt) zum Glück für Meerheimbs Zukunft eingestampft.

Als ein feiner Kenner der Frauenseele zeigt sich der Dichter in „Frauenwelt, das Buch für Edelfrau'n und edle Frauen" (1862). Er verherrlicht durch diese Dichtungen die Tugend des Weibes im Wirken stiller Häuslichkeit, als Heldenmuth bei drohender Gefahr, als Aufopferungsfähigkeit, Samariterliebe und Frömmigkeit. In den Carnevals= und Gesellschafts=Studien, schreibt das Dresdener Journal, bekundet sich der Verfasser als ein feiner Beobachter auf dem Parquet= boden der Gesellschaft, und stehen ihm hierbei zugleich Witz und Ironie zu Gebote, während die Carneval=Idylle überall ein reines Wohl= gefallen erwecken wird. Die Form des Psychodrams tritt hier zum ersten Mal scharf ausgeprägt hervor und hat sich trotz aller bitterbösen Anfeindungen bisher die verdiente Anerkennung auch in außerdeutschen Ländern verschafft. Meerheimbs Psychodramen finden mehr und mehr überall Eingang. So schrieb u. a. im Jahre 1878 der berühmte Petöfy=Uebersetzer und Dichter Kertbeny († 1882) eine längere Epistel über „die Sonderbarkeit, daß ein so eminenter Dichter, wie Richard von Meerheim, so lange in Deutschland ignorirt werden konnte“, und erklärte sich bereit, für die Popularität desselben in Ungarn zu sorgen. Es ist ja bekannt, wie Deutschland seine besten Dichter bei Lebzeiten behandelt. — Das Heldenlied vom König Karl X., der auf einer Brücke übers Meer nach Kopenhagen zog, „Trutz Dänemark und Kopen= hagen“ (1863) zeigt wiederum in glänzendster Weise des Dichters Talent in Schilderung militärischer Scenen und zeugt von warmer patriotischer Gesinnung.

Während der Sommer 1862 und 1863 hatte der Dichter die Hohe Tatra besucht und in Folge seiner in der ungarischen Sprache erworbenen Kenntnisse eine ausführliche „Abhandlung über das innere Wesen der ungarischen Sprache (Archiv für neuere Sprachen 1874 pg. 48) sowie 1865 eine vollständige Umdichtung des ungarischen National=Epos „Paul Kinischi“ (Pest, 1865) heraus= gegeben. Die Kritik stellte letzteres Werk dem Nibelungenliede zur Seite.

Die politische Umgestaltung Italiens während der Jahre 1860 bis 1861 gab dem Dichter auf Grund eingehender Studien die Ver= anlassung, das Prosawerk: „Von Palermo bis Gaëta, der Kampf in Italien um Thron und Thrones Ehre, 1860—1861, nach den Quellen dargestellt,“ zu schreiben. Aus ihm spricht eine warme Be= geisterung für Recht und Ehre, Wahrheitsliebe und echt ritterliche Ge= sinnung. Der Reinertrag dieses Werkes bildete die erste Grundlage

4*

zur Königlich Sächsischen Invaliden-Stiftung, deren Kapitalbestand die
Höhe von ca. 100000 Mark erreicht hat. Der König Franz von
Neapel ehrte den Verfasser durch Verleihung des Königl. Sicil. Ordens
Franz II. — Der Reinertrag des Hohen Liedes vom deutschen
Weibe, Festspiel mit Tableaux, mit einem Titelbilde: Tristan und
Isolde, gez. v. Prof. Ehrhardt (Dresden 1864) bildete den Grundstock
zu der v. Meerheimb-Stiftung behufs jährlicher Prämiirung von
Albertinerinnen.

Im Jahre 1860 war von Meerheimb zum Hauptmann befördert
und nahm als solcher an dem deutschen Kriege von 1866 Theil. In
der Schlacht bei Gitschin am 29. Juni wurde er schwer verwundet.
Seine Schicksale während dieses Feldzuges beschrieb er in dem Buche
„Kriegs- und Leidensfahrten eines Schwerblessirten". Im
Augarten-Hospital zu Wien und durch Bad Teplitz wieder hergestellt,
konnte er, zum Major avancirt, 1867 den Dienst wieder aufnehmen.
Er kam als Bataillons-Kommandeur im 4. Infanterie-Regiment Nr. 103
nach Kamenz, unternahm von hier aus 1868 eine Reise nach Ungarn,
Siebenbürgen, der Wallachei und Dalmatien und wurde noch in dem-
selben Jahre nach Bautzen versetzt. Auf einer Reise durch Süd-
frankreich, Korsika und die Schweiz traf ihn die Nachricht von dem
Ausbruch des deutsch-französischen Krieges. Als Oberstlieutenant nahm
er an den wichtigsten Kriegsereignissen Theil. Infolge der sächsischen
Waffenthat in dem Treffen von Nouart am 20. August gründete
R. von Meerheimb am 14. Januar 1885 durch Hinterlegung eines
eisernen Fonds die Nouart-Stiftung, deren Zinsenertrag, laut Statut,
am Jahrestage der Schlacht an Unteroffiziere oder Soldaten aus-
zuzahlen ist, welche sich durch eine hervorragende That, deren Motive
militärische Tugenden sind, ausgezeichnet. 1872 wurde Meerheimb
Oberst und ließ sich dann zur Disposition stellen. In der nunmehr
gewonnenen Muße beendigte er die „Fürsten-Welt", eine Welt-
geschichte in Lied, Wort und Spruch fürstlicher Persönlichkeiten von
der ältesten Vorzeit (Semiramis) bis auf die Gegenwart (Dresden 1873).
Es ist ein Werk echten deutschen Fleißes. Unermüdlich arbeitet der
Verfasser noch heute an dem Ausbau dieses trefflichen Werkes weiter
und hat Bestimmungen demgemäß über seinen Tod hinaus getroffen.
Erst zwölf Jahre nach der ersten Ausgabe wurde dem Autor ein

Zeichen der Anerkennung von der Prinzeß Marie von Lusignan, Titularkönigin von Cypern, Armenien und Jerusalem, durch Verleihung des Kommandeurkreuzes vom Melusinen=Orden, dem ältesten durch Sibylle, Königin von Jerusalem, gegründeten Orden, für ausgezeichnete Verdienste in Kunst und Wissenschaft. Der indische Radschah von Calcutta, Sir Sourindro Mohun Tagore verlieh dem Autor den Star of merit, welcher für Verdienste auf dem Gebiete der Litteratur, Kunst, Wissenschaft und Humanität 1884 gegründet ist.

Von seinem Wohnsitze Dresden aus unternahm Meerheimb größere Reisen nach Süddeutschland 1873, nach Schweden und Norwegen 1874, nach den Niederlanden, England und Frankreich 1878, nach Italien, Griechenland, Nordafrika 1879/1880.

Seines bei Sedan gebliebenen Freundes A. v. Berlepsch 1865 edirte „Erklärung der Sächsischen Kriegsartikel" gab Meerheimb 1876 in neuer Bearbeitung heraus und machte sich so um diese „Soldatenbibel" zur Freude aller echten Soldaten verdient. Im Jahre 1877 dichtete Meerheimb Leigh Hunt's The story of Rimini: Die Liebesmähr von Rimini (Leipzig, Reclam) um und gab uns in trefflicher Form jenes hochtragische Produkt der englischen Litteratur zu eigen. In demselben Verlage erschien 1888 seine Umdichtung der Gresset'schen Vert=Vert (eine komische Papageien=Odyssee) und Lutrin vivant (das lebendige Chorpult), jener urdrolligen Episode, mit einem litterargeschichtlichen Vorwort. Die Uebersetzungen sind, wie von Meerheimb nicht anders zu erwarten, meisterhaft, nicht wörtlich übertragen, sondern umgedichtet.

Wir werden nunmehr noch speziell mit R. von Meerheimbs psychodramatischen Dichtungen uns zu beschäftigen haben. Unter dem Titel: Monodramen neuer Form: Psycho=Monodramen (Dresden 1879) erschienen die monodramatischen Dichtungen Meerheimbs als abgeschlossene neue Kunstform. Stellt denn das Monodram wirklich eine neue Kunstform dar? Wir antworten mit Hermann Hettner: „Ja wohl, es ist eine neue Form und zwar eine sehr fruchtbare, lebenerweckende!" Die Form bedingt Kürze, feste Begrenzung, epigrammatische Schärfe, klare Gruppirung, großen Stil. Und diese Form, schreibt Hettner an Meerheimb, haben Sie trefflich erfüllt. Ihr Verdienst ist um so größer, je breiter und kleinlicher jetzt unser Drama sich in den niedrigsten

Realismus verliert. — Und welche Mannigfaltigkeit der Motive, welche Lebendigkeit der dramatischen Charakteristik! Es würde mir schwer fallen, Einzelheiten hervorzuheben. Ich kann Sie versichern, daß ich alles mit gleicher und immer steigender Theilnahme gelesen habe. „Aber die Bedeutung des solchergestalt dem Monodram ertheilten Bestätigungsbriefes wächst noch um ein Erkleckliches, insofern ihn die sichere Hand Friedrichs von Bodenstedt kontrasignirt hat. „Wir können dieses Urtheil des berühmten Kunstgelehrten nur unterschreiben", fügt der derzeitige Groß-Siegelbewahrer im Reich der deutschen Poesie hinzu. „Was bleibt uns nun, angesichts solcher Lobsprüche, über die soeben in neuer Folge erschienenen, endgültig „Psychobramen" genannten poetischen Schöpfungen noch zu äußern übrig? — Nichts, als die Versicherung, daß alle oben angedeutete Vorzüge sich auch diesmal gewahrt finden und zwar in sichtlich erhöhtem Maße. Schon dieses Entwickelungsmoment reicht hin, um die janusköpfige, das Gestern und Heute scharf vergleichende Kritik im Psychobrama ein lebensfähiges Kunstgebild erkennen zu lassen. So charakterisirt der Kritiker der Leipziger Jllustr. Zeitung, Dr. phil. Uhlmann-Elß, die „Monobramen neuer Form". — Es ist hier nicht der Ort, das Wesen des Psychobrams des weiteren zu erklären. Wir verweisen auf die nachstehend erwähnten „Neuen Litterarischen Blätter", welche genügend Aufschluß darüber geben.

Die angestrengte geistige Thätigkeit bei der Herausgabe der Psychobramen und die hierbei zu Tage getretenen Widerwärtigkeiten und kränkenden Anfeindungen veranlaßten ein starkes nervöses Leiden. Meerheimb sah sich genöthigt, den Winter von 1879/80 im Süden und im Orient zuzubringen. Indessen besserte sich auch nach der Rückkehr sein Leiden nicht, ein Augenübel trat hinzu. Aber der Dichter ward nicht müde, auch unter den schwersten Leiden weiter zu schaffen. Zwei weitere Stiftungen „Ex animo" und „Das Rettungsboot" rief Meerheimb ins Leben und erntete wiederum den Dank der Nation für seine Opferfreudigkeit. „Verzweifle nicht unter Gottes Augen!" ist des Dichters Wahlspruch. Das hat ihn über so manches schwere Leid hinweggetröstet. Hoffend blickt er in jugendlicher Frische in die Zukunft. Und seinem ernsten Streben erwächst, wenn auch spät, die schuldige Anerkennung. Unter seinem Vorsitze konstituirte sich am 1. August 1892 die Litterarische Gesellschaft Psychobrama,

eine Vereinigung, die die Pflege nationaler Poesie und Kunst im all=
gemeinen und der psychodramatischen Dichtung im besonderen zum
Zwecke hat. Hervorragende Gelehrte, Dichter, Schriftsteller, Schrift=
stellerinnen und Litteraturfreunde sind der Vereinigung beigetreten,
ein Beweis, daß die Pfychodramatische Kunstschöpfung Meerheimbs
zahlreiche begeisterte Freunde gefunden hat. Als eigenes Organ giebt
die Gesellschaft die in Bremen von Franziskus Hähnel redigirten
Neuen litterarischen Blätter heraus, welche in sehr geeigneter
Weise über die psychodramatische Dichtungsart Aufschluß und eine An=
zahl derartiger Dichtungen giebt. Es ist zu hoffen, daß das Pfycho=
drama endlich die weiteste Anerkennung findet, und das deutsche Volk
den edelsten Dichter der Nation nach Gebühr würdigt. Leider haben
Nervenleiden die Edition einer Gesammt=Ausgabe bisher verzögert.
Möge dieselbe nicht lange mehr auf sich warten lassen!

Ernst von Weber.

Wenige auserwählte Menschen giebt es, welche mit dem Reisetrieb
zugleich einen Forschungstrieb verbinden; unter diesen nur wenige, die
ihr Augenmerk nicht blos darauf richten, unbekannte Erdstriche aufzu=
suchen, Affenknochen auszugraben oder die Naturgeschichte um einige
Spezies von Pflanzen oder Thieren zu vermehren, sondern vielmehr in
den entlegenen Regionen neue Mittel aufzufinden, um der alten
Menschengesellschaft wieder aufzuhelfen, die Menschheit zu regeneriren,
eine Reform der verfehlten Kultur herbeizuführen, bisher unbetretene
Pfade für den friedlich=brüderlichen Verkehr der Nationen zu eröffnen,
das Vaterland eines jeden Volkes zu erweitern und die Staatsbürger
zu Weltbürgern zu machen, ohne das Band, das sie mit der engeren
Heimath verknüpft, zu zerschneiden. Solche unter den Forschungs=
reisenden, welche die Schlüssel aufsuchen zur Lösung der räthselhaften
sozialen Fragen; solche, welche neben den wissenschaftlichen Zwecken
noch humanitäre Kulturzwecke verfolgen, sind die geringsten an der
Zahl. Man könnte sie „antiseptische" Menschen nennen, welche der
Fäulniß des Menschengeschlechts entgegenarbeiten und den Kulturideen
einen neuen Lebenshauch einflößen.

Ein solcher Reisender, der in seinen Unternehmungen und Schriften
nicht nur lehrreiche und fesselnde Kunde giebt von reichen Erfahrungen

und Erlebnissen, sondern das, was er von einem erhabenen Standpunkte erschaut hat, mit der Politik und sozialen Reform in Verbindung zu setzen weiß, und seiner humanen Ueberzeugung gemäß mit
Plänen und Vorschlägen, mit Anträgen und Anforderungen verknüpft,
um die Bedrückten zu befreien, der Industrie und dem Handel neue
Bahnen zu eröffnen und vermittelst einer geregelten Kolonisation die
Machtstellung seines Vaterlandes zu erhöhen — ein solcher Mann, von
welchem in der „Gegenwart" sehr treffend gesagt wird: „seine Begeisterung für humanitäre Zwecke können von keinem Briten, geschweige
denn von einer britischen Regierung übertroffen werden", — ein solcher
Mann ist der, den wir hier in einigen charakteristischen Zügen vorführen wollen.

Ernst von Weber, zu Dresden am 7. Februar 1830 geboren, ist
der Sohn des Präsidenten des evangelischen Landeskonsistoriums, des
Königlich Sächsischen Geheimrathes Dr. C. G. von Weber, des bekannten Schriftstellers auf dem Gebiete des Kirchenrechts, und der
Bruder des sächsischen Geschichtsschreibers und Archivdirektors Dr. Karl
von Weber. Nachdem er die Bergakademie in Freiberg in Sachsen
und die Universität zu Berlin besucht hatte, widmete er sich der Landwirthschaft und bewirthschaftete einige Jahre lang das Rittergut Zöschau
bei Oschatz. Fünfzehn Jahre verlebte er dann auf größeren Reisen in
England, Frankreich, Spanien, Portugal, Italien, Madeira, Marokko,
Rußland, Griechenland, in der Türkei, in Kleinasien, Syrien und
Aegypten. Auf einer seiner orientalischen Reisen gerieth er in türkische
Kriegsgefangenschaft, wo er drei Wochen unter peinlichen und zugleich
höchst abenteuerlichen Verhältnissen zubringen mußte. Die Vereinigten
Staaten von Nordamerika besuchte er zwei Mal. 1871 ging er nach
Südafrika, wo er bis 1875 in Westgriqualand als Diamantengräber
verweilte und als solcher ein ziemlich abenteuerliches Leben führen
mußte. Während dieser Zeit wurden sämmtliche Diamantenfelder vom
englischen Reiche gewaltsam annektirt. Oft hat sich Ernst von Weber
von dieser trübseligen, staubigen und wasserlosen Stätte „der Arbeit
und der Pflicht" zurückgesehnt in sein frisches grünes Heimathland.
Endlich, nachdem ihm noch der Fund der letzten Woche, 91 Diamanten
im Werthe von 6000 Mark gestohlen war, nahm er Abschied von den
Diamantfeldern und machte nun eine Reise vom Vaal bis zum In-

dischen Ocean, durch den Oranje-Freistaat, die Republik Natal und die
Transvaal-Republik. Im April 1875 reiste von Weber nach dem herrlichen Tropenland Natal, überstieg die majestätischen Drachenberge, die
Cordilleren Südafrikas, und gelangte durch eine bevölkerte, aus präch-
tigen Naturparks bestehenden Landschaft nach der deutschen Kolonie
Pinetown. Nach zweimonatlichem Aufenthalt in Natal fuhr er nach
der großen prächtigen Delagoa-Bai. Die Verhältnisse der Kaffern
kommen in Webers Reisebeschreibung vielfach eingehend zur Sprache,
und es werden dadurch die späteren blutigen Kriege in Griqualand,
Natal, Kaffrarien, Basutoland und Zululand auf ihre wissenschaftlichen
Ursachen zurückgeführt. Obgleich aber Weber die von der englischen
Regierung eingeführte allzu negerfreundliche Gleichberechtigungs-Gesetz-
gebung als einen Uebelstand bezeichnet, wehrt er sich doch gegen den
Vorwurf, die warme Parteinahme für die Schwarzen seitens des gebildeten Publikums des englischen Heimathlandes mißbilligen zu wollen.
Ganz besonderes Interesse aber widmet er den Boers, in denen er
unsere deutschen Stammesgenossen und Brüder erkennt. Gegen Ende
Juni fuhr der Reisende aus der Delagoa-Bai in das Indische Meer
hinaus, durchschiffte den vereinsamten Kanal von Mozambique und besuchte erst Mozambique, dann Zanzibar. Hieran schloß sich eine Fahrt
durch das rothe Meer, der Besuch der Häfen des Schwarzen Meers
und der beiden russischen Hauptstädte Moskau und St. Petersburg.

Diese seine Erlebnisse hat Ernst von Weber in seinem Werke:
Vier Jahre in Afrika (Leipzig 1878) geschildert. Es enthält über
den Welttheil, der für uns noch so viele Geheimnisse birgt, lebendige
und fesselnde Schilderungen in glaubwürdigem Tone und auf zuver-
lässigen Quellen begründet. Es bietet ein reiches Material über Länder
und Völker, das auch den Männern der Wissenschaft eine Fülle von
interessanten Stoffen giebt. In diesem Buche macht sich, wie in des
Verfassers Charakter, ein feuriger Patriotismus geltend, der aber nichts
Einseitiges und Verknöchertes in sich trägt, sondern in aller Frische
dem deutschen Volke eine hohe Kulturmission in fernen Welttheilen zu-
erkennt. Dieser Patriotismus erhofft durch eine vernünftige Kolonisation
die größten Vortheile für Deutschlands Größe und Macht und zugleich
eine Ablenkung der subversiven Kräfte der sozialistischen Bewegung,
welche sich gegenwärtig zeigt. Denn wenngleich von Weber die Ueber-

völkerung Deutschlands nur als eine relative anerkennen kann, so gesteht er doch zu, daß eine fortdauernde Massenauswanderung nicht zu umgehen sei. Er macht dabei aufmerksam auf das unaufhaltsame Wachsen des Proletariats und auf die Gefahren, welche die zunehmende Verarmung unserer, an mangelhaftem Export und an Ueberproduktion leidenden Nation zur Folge haben muß. Neben den drei Mächten, welche den Erdball ausschließlich unter sich vertheilen möchten, den Briten, Nordamerikanern und Russen, will von Weber auch den Deutschen eine ehrenvolle Rolle zuweisen. Er giebt deswegen Mittel an zur Organisation einer Kolonisation in großem Maßstabe, die den Deutschen gestatten würde, jenseits der Meere endlich die bisher gespielte Dienerrolle von sich zu werfen und deutsche Herrenstaaten zu gründen, welche unseren ausgewanderten Landsleuten gestatten würden, für alle Zeiten ihre Sprache, Gesetze und Sitten beizubehalten.

Von Webers „Vier Jahre in Afrika" wurde von der Kritik der gesammten deutschen und österreichischen Presse als ein vorzügliches, höchst lehrreiches und zugleich humanitäres Werk anerkannt. Auch die englische „Saturday Review" rühmte die darin ausgesprochene Intelligenz, die feine Beobachtung und den warmen Patriotismus, wenngleich der Verfasser die Schwächen und Fehler der englischen Kolonialregierung darin schonungslos enthüllt und ihre Maßregeln, ja auch die Herrschsucht der englischen Nation im Auslande hart getadelt hatte.

Schon im Jahre 1873 hatte von Weber das baldige Ende der Transvaalrepublik vorausgesehen und am 5. März 1875 von Südafrika aus in einem Memorandum an den Deutschen Kaiser und an den Fürsten Reichskanzler den patriotischen Vorschlag ausgesprochen, daß Deutschland unverzüglich die Delagoa-Bai erwerben und die Transvaalrepublik unter seinen Schutz nehmen möge. Er machte damals geltend, daß der Zeitpunkt für eine solche Erwerbung höchst günstig sei und die niederdeutschen Bauern eine deutsche Macht jeder anderen Schutzmacht vorziehen würden, daß auf dem großen Gebiete Hunderttausende deutscher Landsleute sich ein unabhängiges Dasein gründen und der ganzen Republik allmählig einen deutschen Charakter geben könnten.

In der Antwort, welche von Weber nach seiner Rückkehr nach Deutschland erhielt, sprach der Reichskanzler seine Anerkennung für die geäußerten patriotischen Wünsche und Bestrebungen aus, erklärte aber, die kaiserliche Regierung beabsichtige nicht, diesem Projekte näher zu treten. In den Berliner Geographischen Nachrichten von 1879 (S. 388) wurde das Verdienstliche von Webers Kolonisations-Ideen in warmen Worten anerkannt und auch in den Verhandlungen der Gesellschaft für Erdkunde in Berlin (Nr. 7. u. 8., 1878) wurde das lebhafte Bedauern über das Fehlschlagen derselben ausgedrückt. Ernst von Weber hat sich über diese Angelegenheit noch ausführlich in einer Broschüre ausgesprochen: Die Erweiterung des deutschen Wirthschaftsgebietes und die Grundlegung zu überseeischen deutschen Staaten (Leipzig 1879). Er giebt darin der Idee Ausdruck, ein junges Afrika mitten in dem abgestorbenen Kontinent entstehen zu lassen und den Grund zu einem deutschen Tochterstaat auf der südlichen Halbkugel zu legen. Er weist auch ausführlich nach, was zur Grundlegung eines solchen Zukunftstaates, eines Neudeutschland jenseit der Meere, erforderlich sein würde.

Wie das Thema über die Kaffern, welches Weber im zweiten Band seines Afrika-Werkes behandelt, ein besonderes Interesse bei dem letzten Kaffernkriege erhielt, so gewannen auch seine Mittheilungen über die Boers eine höhere Bedeutung durch die jüngsten Kriegsereignisse in Transvaal. Weber trat als Anwalt für die von englischer Heeresmacht angegriffenen Boers auf, und sein Vortrag, den er am 25. Februar 1881 im Berliner Centralverein für Handelsgeographie hielt, wurde mit größtem Beifall aufgenommen. Es bildete sich einige Tage später das deutsche Hilfskomitee für die Verwundeten von Transvaal, welchem von Weber, Richard Wagner u. a. angehörten. Der unerwartet schnell abgeschlossene Friede machte jedoch eine weitere Thätigkeit dieses Komitee's überflüssig, nachdem es 5000 Mark für die Verwundeten gesammelt hatte. Webers Vortrag: Der Unabhängigkeitskampf der niederdeutschen Bauern in Südafrika erschien im Druck (Berlin 1881). — Zur Geschichte von Transvaal vergl. Lion Cachet, Worstelstryd und Nixon, The complete story of the Transvaal.

Auf Seite 140, 141 seines Buches „Deutsch-national" berichtet Dr. Peters:

Als im Jahre 1884 der kühne Pionier der deutschen Kolonisation Dr. Karl Peters seinen Plan eines zunächst sehr geheim zu betreibenden raschen Erwerbes von Territorien auf dem afrikanischen Continente gefaßt hatte, wurde Ernst von Weber von demselben mit einer telegraphischen Einladung zu einer Konferenz in Berlin beehrt, auf welcher die Wahl des Küstenstriches, sowie die Art und Weise des projektirten Vorgehens entschieden werden sollte. Diese Konferenz fand am 12. September 1884 in der Wohnung des Dr. Peters statt und nahmen außer Dr. Peters noch die Herren Dr. Jühlke, Joachim Graf Pfeil und Dr. Lange daran Theil.

Die Herren waren am Abend vorher übereingekommen, den Erwerb von Territorien im Hinterlande der Zanzibarküste zu versuchen, falls nicht Ernst von Weber für ein südlicheres ostafrikanisches (Zambesi-Nyassa) Projekt sich aussprechen würde. Da nun der Letztere in der Konferenz am 12. September sich über das Usagara-Projekt zustimmend aussprach, so wurde dasselbe endgültig beschlossen und in den nächsten Monaten von den Herren Dr. Peters, Jühlke und Graf Pfeil mit wunderbarem Glücke ausgeführt, wodurch zu dem gegenwärtigem großen deutschen Territorialbesitze in Ostafrika der Grund gelegt wurde. Um die mit Argusaugen alle Schritte des Dr. Peters mißtrauisch überwachende feindliche deutsche und englische Presse über die Ziele der Peters'schen Pläne irrezuleiten, ließ Dr. Peters einige Hunderte von Agitationsschriften für die Transvaal-Buren, die von Ernst von Weber verfaßt und von ihm zu diesem Zwecke Herrn Dr. Peters geschenkt worden waren, durch zahlreiche Berliner Restaurants vertheilen, mit den aufgedruckten Worten: „Geschenkt von der Gesellschaft für deutsche Colonisation". Die Maskirung des Peters'schen Unternehmens gerade in der für dasselbe gefährlichsten Zeit wurde durch diese Kriegslist glücklich erreicht.

Ernst von Weber war im September 1886 eifriger Theilnehmer am deutschen Kolonialkongreß zu Berlin, wo er für deutsche Auswanderung nach Südafrika plaidirte; auch gehört er mit zu den Gründern und Vorstandsmitgliedern des 1886 ins Leben getretenen „Südafrikanischen Vereins", der sich die Vertretung der deutschen Interessen in Südafrika zur Aufgabe gestellt hat und vor einigen Jahren eine Unternehmung nach Pondoland ins Leben gerufen hat.

1885 bis 1886 machte von Weber eine interessante achtmonatliche Reise nach Ostindien, um als Abgeordneter am Theosophenkongreß in

Madras theilzunehmen, auf welcher Fahrt er sich der liebenswürdigsten und festlichsten Aufnahme seitens der indischen Mitglieder des Theosophenbundes zu erfreuen hatte. Auf dieser genußvollen Reise besuchte er auch die prachtvolle Gebirgskette des Himalaya, die altberühmte Tempelstadt Benares und die wunderbaren Bauten der Großmogule zu Agra und verbrachte ein paar Monate auf der paradiesischen Insel Ceylon. Der General council des großen indischen Theosophenbundes, der ca. 160 Logen zählt, nahm von Weber unter seine Mitglieder auf.

Im Jahre 1879 gab von Weber durch Veröffentlichung seiner (seitdem in acht fremden Sprachen übersetzten) Schrift: „Die Folterkammern der Wissenschaft, eine Sammlung von Thatsachen für das Laienpublikum" den ersten Anstoß zu der Bewegung gegen die Vivisektion. Die Schrift erweckte einerseits sympathische Anerkennung, andererseits die heftigsten Angriffe. Doch haben auch die meisten, selbst die heftigsten Gegner des Autors, die humanitäre Berechtigung seiner Bestrebungen in der Antivivisektionsbewegung gewürdigt. Eine warme Sympathiebezeugung für dieselben äußerte der große Dichterkomponist Richard Wagner durch seinen „Offenen Brief an Ernst von Weber" (Leipzig 1890). Eine Fluth von Schriften für und gegen Weber erschien.

Im Verein mit Gesinnungsgenossen gründete Weber im August 1879 den Internationalen Verein zur Bekämpfung der wissenschaftlichen Thierfolter, dem er seither als Präsident vorsteht. Dieser Verein zählt heute viele Tausende von Mitgliedern, darunter die allerhöchsten Persönlichkeiten, Staatsmänner, Gelehrten. Die agitatorische Thätigkeit dieses Vereins erstreckt sich über ganz Europa. Um den Verein mehr und mehr heben zu können, giebt von Weber die Monatsschrift „Der Thier= und Menschenfreund" in Dresden heraus.

An Anerkennungen seines patriotischen und humanitären Wirkens hat es Ernst von Weber nicht gefehlt. Viele Fürsten widmeten ihm Orden und Ehrenzeichen. Seine Schriften sind hochgeachtet und weit verbreitet, er selbst wirkt unermüdet weiter für seine große Sache, die auch unser aller Sache ist.

Klara Freiin von Dincklage-Campe.

Pseudonym: C. von Campe.

Vielfältigen Verwechselungen mit ihrer, als Schriftstellerin rühmlichst bekannten Schwester, Emmy von Dincklage, vorzubeugen, nahm Klara von Dincklage, als sie mit einigen Erzeugnissen ihrer Feder vor die Oeffentlichkeit trat, den Namen ihres Familien-Stammgutes „Campe" an. Daselbst wurde sie als dritte Tochter des Freiherrn Hermann Eberhard von Dincklage und dessen Gemahlin Julie, geb. von Stoltzenberg, in einer überaus stürmischen Nacht des 25. November 1829 geboren. Ungewöhnlich früh war der Winter eingetreten, die überfluthenden Wasser der Ems umgaben den alten Rittersitz, von einer unhaltbaren Eisdecke überzogen, jeden Verkehr hemmend. Das Feuer in Oefen und Kaminen mußte man wegen des Orkanes löschen. Um den Hausarzt herbeizuholen, wagte der treue Jäger Steffen Hümmling sein Leben. „Was will aus dem Mägdlein werden, dessen Eintritt in die Welt von so wenig verlockenden Anzeichen begleitet ist?" fragte ein Jeder. Die einen wollten darin die Vorbedeutung irdischen Glückes erblicken, die anderen eine Zukunft voll Drang und Sturm. An ein Blatt von Lorbeerreis dachte Niemand. Zunächst trugen die Eltern Sorge, ihre Töchter zu nützlichen Mitgliedern der menschlichen Gesellschaft heranzubilden. Von der Mutter ward ihnen manche geistige Anregung, neben früh beginnender, praktischer Anleitung im Hauswesen. Solche oft langweilige Beschäftigungen pflegte Emmy schon damals durch das Erzählen selbstersonnener Geschichten den Schwestern zu verkürzen. Der Vater, dem erst später ein Sohn am Leben blieb, ließ seine Mädchen an all den ritterlichen Uebungen zu Wasser und zu Lande theilnehmen, denen er selbst als Kavalier von altem Schrot und Korn oblag.

Ihre Kindheit und Jugend verlebte Klara größtentheils auf dem Lande, auch in späteren Jahren war ihre Wirksamkeit vorzugsweise den Interessen des elterlichen Gutes zugewandt. Verschiedene Reisen im In- und Auslande, ein längerer Aufenthalt in den Residenzen zu Hannover, Bückeburg und Strelitz, wo sich ihr die Hofkreise erschlossen, boten ihr Gelegenheit zur Erweiterung der Weltanschauung und verschafften ihr nicht allein die persönliche Bekanntschaft zahlreicher Fürstlichkeiten, sondern auch mancher in Kunst und Litteratur hochstehender

Personen. So erinnert sich Klara aus dem Jahre 1846 eines Thee-
abends im Hause ihres Onkels, des Obersten von Stolzenberg,
Adjutant Sr. Königlichen Hoheit des Kronprinzen Georg von Hannover,
wo Karl von Holtei eines seiner Vaudevilles vortrug. Karl und
Emil Devrient waren Gäste dieses Cirkels, sowie die Hofräthin Witte
und ihre kunstsinnige Tochter Karoline Herrschel, die bald darauf
starb, und andere mehr.

Doch auch nach dem entlegenen Campe fanden manche litterarische
Größen den Weg, bevor die Verkehrsmittel in jener Gegend noch durch
Eisenbahnen erleichtert waren. Heinrich Beißle, Levin Schücking,
Viktor von Strauß, Mathilde Raven, Dr. J. G. Kohl zählten zu
den Besuchern des allzeit gastfreien Camper Hauses; ebenso Elise
von Hohenhausen, eine Cousine mütterlicherseits. Durch diese begabte
Frau lernte Klara in Berlin den Prinzen Georg von Preußen kennen
und machte die flüchtige Bekanntschaft vieler, mehr oder minder
hervorragender litterarischer Berühmtheiten, z. B. Fanny Lewald's, die
mit ihren weißen Locken, dunklen Augen und hellem Calicot-Kleide
einen überaus frischen Eindruck hervorrief.

Im Jahre 1866 verlegten die betagten Eltern, nach Verpachtung
des Gutes Campe, ihren Wohnsitz nach der kleinen Stadt Lingen, um
bei zunehmendem Alter mehr Ruhe und Bequemlichkeit zu genießen.
Zu gleicher Zeit traf sie der Schmerz, ihr engeres Vaterland zu verlieren, sowie ein Königshaus, dem sie in inniger Liebe anhingen,
und das der Familie Dincklage in persönlichem Wohlwollen zugethan war.

Während der Kriege von 1870—1871 betheiligte sich Klara
von Dincklage an der Pflege Verwundeter in den Lazarethen zu
Osnabrück, wofür ihr Se. Majestät Kaiser Wilhelm I. die Anerkennung des eisernen Kreuzes und der Medaille für Nichtkombattanten
zu Theil werden ließ.

Erst im vorgerückten Alter einer größeren wirthschaftlichen
Thätigkeit enthoben und doch zur Pflege der Eltern an die engere
Heimath gebunden, machte Klara von Dincklage auf Anrathen ihrer
Schwester Emmy die ersten Versuche litterarischen Schaffens. Schon
bei ihrem sehr vereinzelten Erscheinen durften dieselben sich der freund-
lichen Aufnahme der Leser erfreuen. Zwei Bände dieser Erzählungen

erschienen gesammelt als **Sammelsurium** I u. II zu Lingen an der Ems 1882. Ebendaselbst kam auch ein Bändchen volkstümlicher Geschichten unter dem Titel „Mariengroschen" 1885 heraus. Ein mit ihrer Schwester Emmy gemeinschaftlich herausgegebener Band für die Jugend „Wahre Geschichten aus dem Leben berühmter Menschen" (Müllers Kunstverlag in Stuttgart) erlebte bereits die zweite Auflage. In demselben Verlage erschien in zweiter Auflage „Wenn de Stork kumpt", Dichtung und schwarze Ausschnittbilder (Silhouetten), ein Werkchen, welches der Verfasserin viel Dank und Beifall eintrug. Eine anerkennende Erwähnung verdient noch ihr neuestes Werk „Durch Jahrhunderte."

Ernst von Destouches

ist der letzte männliche Nachkomme einer altfranzösischen Familie, die zu Anfang des achtzehnten Jahrhunderts mit Claudius, dem Ur-Ur-Großvater des obigen, nach Bayern und München und am 23. April 1787 auch in das Patriziat der genannten Stadt kam. Claudius stand in Diensten des bayrischen Kurfürsten Karl Albrecht (nachmals römischen Kaiser Karl VII.), besaß ein Gut in Giesing bei München, starb daselbst am 23. September 1741 und ward in der alten Pfarrkirche vor dem Hochaltar begraben. Von seinen sechs Kindern ward durch den zweitgeborenen Josef Anton Claudius die Familie fortgepflanzt. Derselbe war geboren am 12. September 1726 und starb zu München am 7. April 1795 als kurfürstlich bayrischer Hofkammerrath und Fiskal. Er hat den französischen Staatsroman „Telemach" von Fénelon in lateinische Hexameter übertragen und das Werk dem Kurfürsten Maximilian Josef III. gewidmet und außerdem mehrere juristische Werke herausgegeben, insbesondere eines über „Die Domänenrechte in Bayern". Sein drittgeborener Sohn Franz Seraph, geboren 21. Januar 1772 zu München, widmete sich der Musik, komponirte 1791 eine deutsche Oper, „Die Thomasnacht", zu welcher sein älterer Bruder Josef Anton den Text geschrieben, und welche 1792 zum ersten Male auf der Münchener Hofbühne aufgeführt wurde. 1799 ward er als Konzertmeister am Hofe zu Weimar angestellt und trat hier mit Goethe, der eigenhändig seine Dienstinstruktion schrieb, mit Schiller, Herder ꝛc. in regen dienstlichen und freundschaftlichen Verkehr und komponirte nun zunächst die Musik zu fast sämmtlichen Schiller'schen Dramen, außerdem Opern, Messen, Oratorien, Konzerte für verschiedene Instrumente, ward später heffischer Hofkapellmeister in Homburg und starb am 10. Dezember 1844 zu München kinderlos. Fortgepflanzt war die Familie durch den zweitältesten Sohn des erwähnten Hofkammerraths Joseph Anton Claudius, nämlich durch Josef Anton, geb. zu München den 12. März 1767, gest. daselbst am 18. Mai 1832 als kgl. bayrischer Regierungsrath und Kronfiskal. Durch eine große Zahl von Werken historischen, statistischen, staatswissenschaftlichen und belletristischen Inhalts, wie auch als Bühnendichter hat er einen geachteten Namen in der deutschen Litteratur hinterlassen, ebenso wie sein zweitgeborener Sohn Ulrich, geb. am 24. Oktober 1802 zu Amberg, gest. zu München am 27. Januar 1863 als Bibliothekar und Chronist der Stadt München. Dessen Dramen und Volksstücke erlebten auf dem kgl. Hoftheater und dem Volkstheater zu München wiederholte beifällige Aufnahme; seine vaterländischen Erzählungen und Gedichte gehörten in der Mitte unseres Jahrhunderts zu den beliebtesten Erscheinungen auf dem Gebiete der Münchener belletristischen Litteratur. Aus seiner Ehe mit Amalie Schneider, der Tochter eines kgl. Beamten, hat er einen Sohn Ernst hinterlassen, welcher am 4. Januar 1843 zu München das Licht der Welt erblickte. In der Pfarrschule zu St. Anna erhielt er von dem als ausgezeichneten Pädagogen bekannten, jetzigen Seminardirektor Ludwig Solereder den ersten Elementar-Unterricht, besuchte dann 1853—1861 das unter der Leitung von Benediktiner-Patres aus dem Kloster „Metten" gestandene kgl. Ludwigsgymnasium und von 1861—1865 die kgl. Universität zu München. Während seines Gymnasial-Studiums lag er zugleich dem Studium der modernen Sprachen ob und erlernte außerdem Zeichnen, Musik und Stenographie. Auf der Hochschule widmete er sich im ersten Jahre der Philosophie, in den drei folgenden der Rechtswissenschaft, welche er sich als Lebensberuf gewählt, und zugleich der Geschichte und Diplomatik, unterließ jedoch hierbei nicht, auch in den oben erwähnten Fächern sich auszubilden. Die ausgezeichnetsten Lehrer der Münchener Hochschule: Riehl, Giesebrecht, Weizäcker, Maurer, Beckers, Jolly, Windscheid, Dollmann, Paul Roth, Boyer, Pözl, Hermann, Kurtmann 2c. standen ihm mit freundlichem Wohlwollen zur Seite.

Schon als elfjähriger Knabe hatte er das Unglück, seine Mutter zu verlieren. Eben war er mit dem ersten Preise in der Hand, den er sich als Schüler der ersten Lateinklasse errungen, jubelnd in ihre Arme geeilt, als sie am 3. September 1854 der Cholera, welche damals München furchtbar heimsuchte, zum Opfer fiel. Sie war es besonders gewesen, welche ihr einziges Kind zum unermüdlichen Fleiß angehalten und den Ehrgeiz in der jungen Brust geweckt hatte. Bald sollte ihm der freundliche Himmel noch mehr getrübt werden, denn wenige Jahre darauf ward sein liebevoller Vater, der insbesondere mit seinem eigenen reichen und weichen Gemüthe die gleichen Anlagen seines Sohnes zu erwecken und zu beleben verstanden und ihm treuen Familiensinn und Liebe zum Heimathland und zur Vaterstadt in's Herz gelegt hatte, von jener heimtückischen Krankheit befallen, die ihn mehrere Jahre hindurch wiederholt dem Tode nahe brachte, bis er endlich am 27. Januar 1863 von seinem Leiden erlöst wurde.

Da derselbe keinerlei Vermögen hinterließ, stand sein Sohn nunmehr ohne Stütze allein in der Welt da. Mit unerschütterlichem Muthe und fester Zuversicht auf Gottes Hilfe ließ er sich gleichwohl nicht abschrecken, die so wenig Aussicht bietende juristische Studien-Laufbahn weiter zu verfolgen. Gleichzeitig ward ihm von verschiedenen Seiten die Möglichkeit geboten, sich eine selbständige Existenz zu gründen. Der Magistrat Münchens übertrug ihm noch im selben Jahre die Fortführung der von seinem Vater auf Grund des Erlasses König Ludwig I. von Bayern begonnenen Münchener Stadtchronik und bestellte ihn 1864 zum Adjunkten des Münchener Stadtarchivs. Gleichzeitig verlieh ihm die Stadt München das große, für Geschichtsbeflissene gestiftete Westenrieder Stipendium, und da ihm außerdem auf Grund seiner vorzüglichen Noten ein Staatsstipendium und das von der ersten Kammerfrau der Königin von Polen, Ursula Mayr, zu Anfang des siebzehnten Jahrhunderts gestiftete Familienstipendium verliehen worden war, sah er sich durch diese großartige Unterstützung des bayrischen Staates und der Stadt München in die Lage versetzt, die Universität im Jahre 1865 mit glücklichem Erfolge zu absolviren und in die Rechtspraxis einzutreten, welche er beim Stadtgerichte und beim Bezirksgerichte München l. J. und beim Bezirksamte München r. J. durchmachte. Während derselben befaßte er sich vorzugsweise mit Verthei-

digungen in den öffentlichen Sitzungen des Schwurgerichts von Ober-
bayern und bestand alsdann im Mai 1868 auch den praktischen Staats-
konkurs der zum Staatsdienste abspirirenden Rechtskandidatur mit dem
glücklichsten Erfolge.

Unmittelbar darauf wurde er vom Magistrat in rechtskundiger
Eigenschaft als Direktorial-Sekretär angestellt und verehelichte sich am
2. August desselben Jahres mit Julie Büttgen, der Tochter des kgl. bayrischen Hofschauspielers Heinrich Büttgen, welcher Ehe eine Tochter,
Johanna, entsprossen ist. Mit dem 1. Januar 1871 trat er als Re-
gierungsaccessist in das Staatsministerium des königlichen Hauses und
des Aeußeren ein, um sich dem unmittelbaren Staatsdienst zu widmen,
wobei er jedoch die Fortführung der Münchener Stadtchronik und die
Funktion im Stadtarchive beibehielt. Am 1. Mai 1871 erfolgte seine
Ernennung zum zweiten Sekretär des kgl. bayrischen Hausritter-Ordens
vom heiligen Georg, am 19. November 1873 seine gleichzeitige Be-
stellung zum Sekretär des kgl. bayrischen St. Elisabethen-Ordens.
Im Staatsministerium selbst war er dem königlichen Reichsherolde
abjungirt. Am 16. August 1876 ward er dann zum Sekretär im
kgl. bayrischen Geheimen Staatsarchive ernannt, am 10. Mai 1880
zum Geheimsekretär befördert und 24. April 1887 mit dem Titel und
Range eines königlich bayrischen Rathes ausgezeichnet. Nach dem
Tode Muffat's übertrug ihm der Magistrat Münchens 1879 die Besorgung
des Stadtarchives, als alleinigem Stadtarchivar. Er ist sofort daran
gegangen, dasselbe einer gründlichen Reorganisation, Vergrößerung und
stilvollen Einrichtung zu unterziehen und damit der Stadt München
erst ein eigentliches und ob seiner Schätze nun berühmt gewordenes
Stadtarchiv zu schaffen. Ebenso ernannte ihn weil. König Ludwig II.
vom 1. Mai 1883 an zum alleinigen Sekretär, Archivar und Proberefe-
renten des kgl. bayrischen Haus-Ritter-Ordens vom heiligen Georg.
Als solcher hat er das bisher in totaler Unordnung gewesene Ordens-
Archiv nach vorheriger stilgemäßer Einrichtung seiner prunkvollen
Räume in der königlichen Residenz vollständig geordnet, so daß dasselbe
mit seinen Tausenden von Urkunden und Stammbäumen nunmehr
eine werthvolle Fundgrube für die deutsche und allgemeine Adelsge-
schichte bildet. Anläßlich seiner dienstlichen Thätigkeit im Staatsministerium haben ihn Herzog Ernst von Sachsen-Coburg-Gotha 1875 mit

dem Ritterkreuz des Herzoglich Sachsen-Ernestinischen Hausordens und
im selben Jahre noch Großherzog Peter von Oldenburg mit dem
Ritterkreuz des Großherzoglich Oldenburgischen Haus- und Verdienst-
ordens des Herzogs Peter Friedrich Ludwig, 1877 weiland König
Alfonso XII. von Spanien mit dem Ritterkreuz des königlichen spanischen Ordens Karl III. ausgezeichnet. Anläßlich seiner schriftstellerischen Thätigkeit aber haben ihm Herzog Maximilian in Bayern die
große Medaille und 1875 König Ludwig II. von Bayern die kgl.
Ludwigs-Medaille für Kunst und Wissenschaft verliehen. Aus gleichem
Grunde hat ihn die neue bayrische Stadt Schwabing zu ihrem Ehrenbürger ernannt und haben ihm der historische Verein von Neuburg,
der bayerische Veteranen-, Krieger- und Kampfesgenossenbund, der
bayerische Veteranenverein der kgl. bayerischen Haupt- und Residenz-
stadt München und zahlreiche hervorragende andere Vereinigungen das
Diplom als Ehrenmitglied votirt.

Schon als neunjähriger Knabe, 1852, versuchte sich Ernst von
Destouches mit dem ersten Verslein, das er einer Tante zum Namens-
tage widmete. Noch im selben Jahre verfaßte er auf seinen geliebten
Lehrer Ludw. Solereder ein Akrostichon und ein solches: Erinnerung
an Sternberg, 1855, als erstes lyrisches Gedicht. 1859 debutirte der
sechszehnjährige Dichter zum ersten Male als Gymnasialschüler mit dem
Vortrage eines selbst verfaßten Prologs bei dem Maifestkonzerte des
Ludwigsgymnasiums, und im selben Jahre schon hatte er die Freude,
sein erstes Gedicht „Die Quelle“ im Münchener Jugendfreund gedruckt
zu sehen. 1860 verfaßte er sein erstes größeres vaterländisches Gedicht
„Die Marbacher“ zum Selbstvortrage beim Maifestkonzerte seines
Gymnasiums und erzielte damit einen so unerwarteten Erfolg, daß
dasselbe im großen Sulzbacher Kalender und seitdem öfter gedruckt
wurde. 1862 komponirte der verdienstvolle Georg Krempelsetzer
das erste Destouches'sche Gedicht „Abendempfindung“ für ein Konzert
des Münchener Akadem. Gesangvereins, dessen Mitglied E. v. Destouches
inzwischen geworden, und am 12. Oktober 1863 fand sein erstes Festspiel
„Germania“ seine gelungene Aufführung in dem Johann Schweiger'schen
Volkstheater zu München. Seitdem ist fast keine patriotische Gelegenheit in München vorübergegangen, ohne daß sie nicht durch
E. v. Destouches' gemüthreiche Verse verherrlicht worden wäre, und

selbst andere banrische Städte und auswärtige Vereine haben wiederholt dieses Dichters Feder zu heimischen Festveranstaltungen in Anspruch genommen. Eine große Anzahl seiner Gedichte haben durch Kompo= sition noch eine weitere Verbreitung gefunden, ja einzelne Gedichte, wie „Das deutsche Lied", „Die Krone im Rhein", haben mehreren Komponisten gleichzeitig Anregung zu Kompositionen gegeben. Für das Veteranen= und Schützenwesen, für das Bürgerthum und seine liebe Vaterstadt und deren Kinderwelt, ganz besonders für die lieben Vöglein in Feld und Wald sind die Destouches'schen Lieder erklungen und haben in Blättern, Kalen= dern weit über Bayerns Grenzen hinaus Verbreitung gefunden. Die hervorragendsten Künstler des Münchener Hof= und Volkstheaters haben seine Dichtungen interpretirt und zu deren Popularität beigetragen. 1866 erschienen im Druck seine Gedichte „Aus der Jugendzeit" (München).

Was die Thätigkeit von Ernst von Destouches als Historiker betrifft, so bildet eine seiner Lebensaufgaben die Fortführung der von seinem Vater im Auftrage der Stadt München begonnenen Stadt= chronik, welche bereits zu einem Riesenwerke von über 100 umfang= reichen Folianten angewachsen ist, die als Manuskript mit zahllosen Beilagen und Illustrationen versehen, in blauweißen Einbänden mit aufgedrucktem silbernen Stadtwappen als kostbarer Schatz in den gothi= schen Schreinen des Stadtarchives verwahrt werden. Eine weitere Brücke zur Laufbahn als historischer Publizist fand Ernst von Destouches in der journalistischen Thätigkeit, welche er unmittelbar nach dem Tode seines Vaters zehn Jahre lang übte, indem er an Stelle des Verstorbenen zunächst als Lokalreferent für den bayerischen Landboten und später für die bayerische Zeitung und die Augsburger Abendzeitung thätig war. Hierdurch ward er seit 1866 zur Verfassung seiner kleineren historischen Publikationen veranlaßt, deren stattliche Reihe in den größeren banrischen Journalen 2c. erschien. 1872 begann dann die große Serie von historischen Denkschriften, welche er in offizieller Veran= lassung bei allen seither stattgefundenen Festen in München verfaßte, und welche seinen Namen als Lokalhistoriker weit über den Münchener Burgfrieden hinaus, ja man darf sagen, sogar über den Ocean hinüber bekannt machten; denn seine Denkschrift zum Zweiten deutschen Sänger= Bundesfeste, 1874, und zum siebenten deutschen Bundesschießen, 1881, sind mit den transoceanischen Gästen auch über das Meer mit hin=

ausgewandert. Ein weiteres großes Werk, die Herausgabe eines großen Urkunden-Buches der Stadt München, hat ihm diese 1887 übertragen, und ein ganz hervorragendes Verdienst um diese seine Vaterstadt hat er sich dadurch erworben, daß auf seine Veranlassung und auf Grund seiner unausgesetzten, unermüdlichen Forschungen seit neun Jahren die alten historischen Wahrzeichen Münchens wieder erstehen, und daß die Stadt mit ihren Häuser-Façaden einen ganz eigenartigen, pietäts-vollen, historisch - architektonischen Schmuck erhält. Von den größeren, im Druck erschienenen historischen Arbeiten Destouches' nennen wir hier mit Auszeichnung: Die Spitäler zu St. Max und St. Elisabeth zu München, Geschichte des königlich bayerischen Haus-Ritter-Ordens vom hl. Georg, Urkundliche Beiträge zur Geschichte Münchens (3 Theile), Die Stadt München in ihren äußeren Beziehungen zur Universität, und die großen Stadtfeste zu München seit dem Anfange des 14. Jahrhunderts, Geschichte des königlich bayerischen St. Elisabeth-Ordens, Geschichte der Sangespflege und der Sängervereine der Stadt München, Gedenkblatt auf die Säkularfeier des kgl. Hof- und Nationaltheaters zu München, Münchens Bürgertreue, Münchens Schützenwesen und Schützenfeste, Säkularbilder aus Münchens Vergangenheit, Gedenkblatt auf die Ein-weihung der Stadtpfarrkirche zum heiligen Kreuz in Giesing, Gedenk-blatt und Urkunde zur Feier der Grundsteinlegung der neuen katho-lischen Pfarrkirche St. Anna in München, König Ludwig I. von Bayern, der Förderer volksthümlicher Pflege vaterländischer Geschichte, der Wiederbegründer bayerischer Städtechroniken, Geschichte des Verbands-Hauses des Münchener Akademischen Gesangvereins ehemals: das „Thürlein-Bad", Chronik der Stadt München vom 19. Jahrhundert.

Fünf Generationen hindurch hat die Familie von Destouches dem Hause Wittelsbach, Bayern und der Stadt München treue Dienste geleistet. Urgroßvater, Großvater, Sohn und Enkel haben innerhalb eines Zeitraums von fast anderthalb hundert Jahren sich auf histo-rischem und belletristischem Gebiete rühmlich in der vaterländischen Litte-ratur berühmt gemacht, und wenn auch der letzte Träger dieses Namens dereinst zu seinen Vätern wird versammelt werden, so kann er getrost vor sie hintreten, denn getreu ist er ihre Bahn gewandelt, des anererbten guten Namens Klang pietätsvoll hütend und nach besten Kräften mehrend.

—

Albrecht Capello Graf von Widenburg.

Geboren zu Graz in Steiermark am 4. Dezember 1838 als der jüngste Sohn des Matthias Constantin Capello Grafen von Widenburg und dessen Gemahlin Emma geborene Gräfin Grimoud-d'Orsay. Im Hause seines Vaters, der damals Landesgouverneur in Steiermark war, erhielt er die erste sorgfältige Erziehung, welche durch die Stürme des Jahres 1848 eine Unterbrechung erlitt. Der Vater war zu sehr von den Pflichten seines Amtes in Anspruch genommen, die Mutter schon damals körperlich leidend und der Hofmeister, ein Mitglied der „akademischen Legion", kümmerte sich wenig mehr um seinen Zögling. Dann legte der Vater seine Stelle nieder und begab sich auf Reisen, und Widenburg brachte nun zwei Jahre mit der Mutter und seinen Schwestern auf dem Lande (in Gleichenberg und in Gösling bei Graz) zu. Der Unterricht war in dieser Zeit nur lückenhaft. 1851 kam er in die Erziehungsanstalt des Leopold Bondi in Graz, hier blieb er fünf Jahre, studirte dann in Wien die Rechte. Seine Familie hat daselbst auch ihren Wohnsitz genommen, und der Vater war als Präsident des Verwaltungsrathes der Kaiserin Elisabeth-Bahn thätig. Neben dem Jus studirte Widenburg eifrig Kunst- und Litteraturgeschichte. 1860 beendete Widenburg seine juristischen Studien und diente nun eine Zeit lang als Konzeptspraktikant im Polizeidepartement der niederösterreichischen Statthalterei. Da er sich mit diesen Beschäftigungen wenig befreunden konnte, weil sie seinem innersten, nach Höherem strebenden Wesen zuwider waren, so verließ er 1863 den Staatsdienst und lebte nun ausschließlich seinen litterarischen Neigungen und Beschäftigungen.

Bereits in Graz, schon in frühen Jahren, hatten ihn Anastasius Grün und Karl von Holtei, in Wien der alternde Castelli und J. G. Seidl zu poetischem Schaffen ermuntert. Letzterer druckte von ihm schon 1858 ein Gedicht in seinem Almanach „Aurora" ab. Widenburg ließ in jener Zeit nicht viel mehr, als einige Gelegenheitsgedichte drucken. Erst nachdem er sich mit Wilhelmine Gräfin Almásy vermählt und mit ihr gemeinsam eine deutsche Bearbeitung von Michael Drayton's „Nymphidia" (Heidelberg 1873) herausgegeben hatte, veröffentlichte er die Sammlung „Eigenes und Fremdes" (Wien 1874), die theilweise aus Uebersetzungen (aus dem Englischen) besteht.

Die Kritik ließ seinen Uebersetzungen eine gerechte Würdigung zu Theil werden, welche ihn anspornte, nunmehr dieses Gebiet mit größtem Eifer zu pflegen. Er machte die Bekanntschaft des eidgenössischen Gesandten Johann Jacob von Tschudi, bekannt als Reisender und Naturforscher. Derselbe hatte aus Peru das in einem dortigen Kloster aufgefundene Manuskript des altperuanischen Dramas „Ollanta" mitgebracht und eine wörtliche Uebersetzung dieses merkwürdigen und einzigen Denkmals eines untergegangenen Volkes verfaßt. Er forderte den Grafen auf, seine Uebersetzung im Metrum des Originals zu bearbeiten, welcher Aufgabe sich derselbe in einer von der kompetenten Fachkritik auch anerkannten Weise unterzog. — Seine Gedichte erschienen 1888 in zweiter Auflage, in welcher nicht mehr die Uebersetzungen überwiegen, und die sich einer günstigen Aufnahme von Seiten der Kritik zu erfreuen hatte. — Der entfesselte Prometheus. Lyrisches Drama in vier Akten von P. B. Shelley. Deutsch (Wien 1876). Diese gewaltige Dichtung des berühmten englischen Poeten, an die sich bisher noch kein Shelley-Uebersetzer wegen ihres mystischen Dunkels gewagt hatte, forderte einen sehr gewandten und gediegenen Uebersetzer. Wickenburg löste diese Aufgabe in trefflichster Weise und wurde dafür von der Kritik einstimmig belobt. 1878 übersetzte er das Trauerspiel Atalanta in Calydon des englischen Dichters Algernon Swinburne mit dessen Genehmigung. 1879 bat ihn der berühmte Alfred Tennyson, sein Drama Harald zu verdeutschen, und Wickenburg unterzog sich mit gleichem Geschick auch dieser Aufgabe. Hieran reihten sich Uebersetzungen aus dem Französischen. Dieselben begannen mit dem hübschen Stückchen in Versen von Ernest d'Hervilly: „Die schöne Saïnara". Japanische Komödie in einem Akte. Diese Uebersetzung gelangte nicht zum Druck, wurde aber bei den von der Wiener Aristokratie im Palais Auersperg veranstalteten Wohlthätigkeits-Vorstellungen durch die Fürstin Pauline Metternich, Frau Gabillon und Herrn Hartmann dargestellt. 1880 beauftragte Dingelstedt den Grafen mit der metrischen Uebersetzung des Schauspiels „Die Abenteurerin" von Emil Augier. Dasselbe wurde am Hofburgtheater, mit Frau Wolter in der Titelrolle, sieben Mal zur Aufführung gebracht. Augier's dreiaktiges Lustspiel „Philiberte" und dessen Erstlingsstück „La Ciguë" (der Giftbecher) hatte

Wickenburg ebenfalls übersetzt, aber nicht veröffentlicht. Das zum Zweck der Eröffnung des Hans Pöhnl'schen „historischen Theaters" 1883 bearbeitete altfranzösische Stück „Meister Pathelin" wurde, da das Pöhnl'sche Unternehmen nicht zu Stande kam, vom Direktor Wilbrand am Hofburgtheater am 31. Oktober 1883 zum Besten des Schauspieler-Pensionsvereins „Schröder" aufgeführt, fand indessen beim Publikum wenig Anklang. Nochmals wurde es daselbst gespielt, fiel aber gänzlich ab. Das Publikum wußte eben nichts mit dem berühmten Schwank anzufangen. — Die Kritik hat Graf Wickenburg's Gedichte und Uebersetzungen glänzend beurtheilt, Anthologien bringen seine Gedichte, und sein Name ist in der Litteratur bekannt und geachtet. Am öffentlichen Leben betheiligte er sich nur als Mitglied mehrerer wohlthätiger und gemeinnütziger Vereine. Er ist seit 1864 Mitglied des Wiener Journalisten- und Schriftstellervereins „Concordia" und war auch eine Zeit lang Ausschußmitglied und Mitglied des Baukomités für das Concordiahaus. 1866 trat er in den Ausschuß des österreichischen patriotischen Hilfsvereines und erhielt für seine Theilnahme an der Pflege der Verwundeten das Ritterkreuz des Franz Joseph-Ordens; er blieb zwanzig Jahre hindurch Ausschußmitglied dieses Vereins. 1885 trat er aus in Folge seiner Uebersiedelung nach Südtirol. Aus demselben Grunde schied er auch aus dem Vorstande des Wiener Zweigvereins der deutschen Schillerstiftung, dem er lange Jahre angehörte. Nach dem Tode seiner Gemahlin (22. Januar 1890) lebt er fern der Heimath und wohnt gegenwärtig in München.

Elise Baronin von Hohenhausen.

Elise Friederike Felicitas Baronin von Hohenhausen wurde am 7. März 1812 auf dem Schlosse zu Eschwege geboren, wo ihr Vater damals als Präfekt in Diensten des Königs Jerôme von Westfalen stand. Ihre Mutter, Elise Philippine Amalie Freifrau von Hohenhausen, war die Tochter des Generals Adam Ludwig von Ochs. Nachdem dieselbe sich 1809 mit dem Freiherrn Leopold von Hohenhausen vermählt, lebte sie mit ihrer Familie zuerst in Kassel, dann zu Münster und seit 1817 zu Minden, wohin ihr Gatte als preußischer Regierungsrath versetzt worden war. In Begleitung des letzteren kam sie 1820 auf einige Jahre nach Berlin, kehrte dann 1824 nach Minden zurück und lebte seit dem Tode ihres Mannes (1848) erst zu Minden, dann zu Frankfurt a. d. O., wo sie den 2. Dezember 1857 starb. Von ihren früheren Werken sind zu nennen: „Novellen" (1829) und die Ueber= setzung von Lord Byrons „Korsar" (1820). Seit dem Verlust ihres Sohnes, Karl von Hohenhausen, der sich 1834 erschoß, und dessen Biographie und Tagebücher sie bearbeitete, hatte sie sich immer ent= schiedener einer religiösen Richtung zugewandt, die auch in der Schrift: Rousseau, Goethe, Byron, im kritisch=litterarischen Umriß aus ethisch= christlichem Standpunkte (1847) beschränkend auf die Freiheit ihres Urtheils einwirken mußte. Gleichzeitig erschien das historische Schauspiel „Johann und Kornelius de Witt oder das ewige Edikt" (1847), das aber die Kritik nicht befriedigte. Sehr stark tritt ihre religiöse Richtung hervor in den Werken: „Die Jungfrau und ihre Zukunft in unserer Zeit" (1854) und „Lieb mich in deinen Leiden, und ich werde dich trösten" (1855), sowie in den Jugendschriften: „Die Marquesasinseln" (1853) und „Das Geheimniß des Glücks" (1855).

Die ersten lebhaften Eindrücke empfing die junge Baronesse in dem benachbarten Herford, wo sie im Hause ihres Großvaters, des Geheimen Kriegsraths von Hohenhausen, öfter verweilte. Auch in Berlin, wohin die Eltern übergesiedelt waren, empfing sie vielfach an= regende Eindrücke. Sie lernte im Hause ihrer Eltern fast alle litte= rarischen Berühmtheiten Berlins kennen: Fouqué, Chamisso, Heine, Helmine von Chezy, Amalie von Hellwig u. a., die sich alle Dienstage in den litterarischen Zirkeln der Eltern versammelten. Als die Eltern nach Minden zogen, setzte Elise die Beschäftigung mit der Litteratur fort und redigirte damals einen Theil des Mindener Sonntagsblatts, welches ihr Vater begründet hatte. Mit siebzehn Jahren fiel ihr da= durch die Aufgabe zu, die Einsendungen von Heine und Immermann zu prüfen. Sie übersetzte aus dem Englischen und Französischen oder lieferte für das Sonntagsblatt eigene Novellen und Skizzen.

Auf den Wunsch ihrer Eltern vermählte sie sich 1831 gegen ihre Neigung mit dem Oberregierungsrath Rüdiger. Die Ehe war kinder= los, jedoch nicht unglücklich und dauerte fast dreißig Jahre. Die Verheirathung brachte die litterarischen Arbeiten in Minden zu einem unerwarteten Ende, jedoch führte die Versetzung ihres Gemahls sie

bald nach Münster, wo sie in den Dichterkreis von Droste-Hülshoff
eingeführt wurde. Mit dieser Dichterin verband sie eine innige Freund-
schaft; sie ließ mehrere werthvolle Schriften über die westfälische Poetin
drucken. Viele Gedichte Annettes, namentlich die rührende Liebesver-
sicherung „An Elise" geben Zeugniß von dem Herzensbunde.

In Frankfurt a. O. verlor Elise ihren vortrefflichen Mann und
ihre geliebte Mutter. Infolgedessen zog die Wittwe mit ihrer Nichte,
Helene von Düring-Etken, nach Berlin, wo sie sich nun ganz ausschließlich mit Litteratur beschäftigte, auch ihren Familiennamen als
Schriftstellerin wieder annahm. In ihrem Salon vereinigte sich alsbald
die geistige Elite der Kaiserstadt, namentlich auch der Prinz Georg von
Preußen, der als dramatischer Dichter sich einen Namen erworben hat.

Ihre rühmlichst bekannten historischen Essays „Berühmte Liebes-
paare" (4 Bände, Leipzig) haben ihren Ruf als Schriftstellerin in
alle Lande getragen. Das Werk ist weltbekannt geworden, und mit
vollem Recht. 1875 folgte: „Berühmte Freundschaften", das
dem vorigen in keiner Weise nachsteht. „Der Roman des Lebens",
Novellen, 2 Bände, 1876, und „Neue Novellen" 1880 zeigen Elise
von Hohenhausen als gewandte Erzählerin. „Romantische Biographien aus der Geschichte", 1881 und „Drei deutsche Kai-
serinnen", 1889 offenbaren hervorragende historische Kenntnisse in
feinster, ansprechender Darstellung. Litterathistorischen Wert hat ihre
Schrift: „Aus Goethes Herzensleben", wahrheitsgetreue Darstellungen, 1885 und zeugt trotz hohen Alters von seltener Geistesfrische
der Verfasserin. Ihre Uebersetzungen von Youngs Nachtgedanken,
Longfellows Goldener Legende u. a. sind mustergiltig und in elegantem
Stil übertragen. Auch für größere Zeitschriften liefert sie gediegene
litterar- und kulturgeschichtliche Abhandlungen.

Ihre Nichte, Helene von Düring-Etken, welche mit ihr zusammen in Berlin wohnt und unter dem Pseudonym Arthur von Loy
schreibt, ist auf dem Rittergute Loy bei Oldenburg am 1. Februar 1851
geboren. Zwei Sammlungen von Novellen aus der Berliner
Gesellschaft und der düster spannende Roman: „Graf und Gräfin
von Ortenegg sowie ihre sehr scharfsinnigen Novellen und Aphorismen:
„Aus der Wirklichkeit" haben verdiente Anerkennung gefunden.
Das letztere Buch bringt zuerst eine anmuthig erfundene, frisch und

flott erzählte Novelle aus den obersten Gesellschaftskreisen, der eine rührende, mit großer Hingabe, feiner Charakterdarstellung und hervorragender poetischer Darstellungskraft geschriebene Volksgeschichte aus dem Berliner Alltagsleben folgt, in der auch namentlich der berühmte Grunewald mit seinen „schilfumkränzten Seen" sehr hübsch geschildert ist. Es steht zu hoffen, daß die Schaffensfreudigkeit dieses Talentes sich durch den wachsenden Beifall der gebildeten Lesewelt noch mehr bethätigen wird.

Emma von Brandis-Zelion.

Die seit mehreren Jahren in der Schriftstellerwelt vortheilhaft bekannte Dichterin Emma von Brandis-Zelion ist am 21. November 1840 zu Darmstadt als Tochter des daselbst 1870 verstorbenen Großherzoglich Hessischen Oberforstraths von Zelion, gen. Brandis, geboren. Der Vater, den Erbsitzer-Familien zu Werl in Westfalen angehörig, war in der Zeit, als das Herzogthum Westfalen zum Großherzogthum Hessen gehörte (1803—1815) in darmstädtische Dienste getreten und dann in denselben geblieben. Sein reiches Wissen, sein reger Verkehr mit den Familien Darmstadts, in welchen die Erinnerung an Goethe, Tied u. a. aus der Zeit deren öfterer persönlicher Anwesenheit in der Residenz des kunstsinnigen Großherzogs Ludwig 1. lebhaft war, befähigte ihn, wie keinen anderen, die Erziehung seiner Kinder gerade auf dem Gebiete der schönen Künste und Wissenschaften persönlich zu leiten. Emma, die jüngste der Töchter, zeigte schon in früher Jugend dichterische und musikalische Begabung. Der Verkehr am Darmstädter Hofe, auf den Gütern der Verwandten in Westfalen und ihrer Freunde in Hessen, sowie das gesellige Leben im eigenen Hause bildeten ihre Talente um so sicherer aus, als der Dichterin ein scharfes Beobachtungsvermögen und ein eiserner Fleiß zur Seite stehen. Nach dem Tode der Mutter, welche in liebevollster, aufopferndster Weise die Herzenserziehung der Kinder gefördert hatte, zog sich Emma von Brandis zu einer verheiratheten Schwester nach einer niederrheinischen Garnisonstadt zurück. Dort, in der Muße kleinerer Verhältnisse, wagte sie zuerst mit einer größeren Arbeit, mit dem Roman „Der Erbe von Adlerhorst", hervorzutreten, welcher 1882 in Paderborn erschien und mit Beifall aufgenommen wurde. Der Kampf des Glaubens mit der Aufklärung, des vorgefaßten Hasses mit der übermächtigen Liebe wird hier in interessanter und spannender Weise vorgeführt. Siegreich durchdringen die edleren Gewalten die widerstrebende Seele. Die gefährliche Klippe süßlicher Frömmelei ist glücklich vermieden. Frische Natürlichkeit und tiefes Gefühl, eine schöne Sprache und eine anschauliche Darstellung, wie auch eine korrekte Durchführung der verschiedenen Charaktere zeichnen das bedeutsame Werk aus. Ermuthigt durch den Erfolg dieses Romanes gab Emma von Brandis-Zelion bald noch zwei andere Romane, „Die Violinspielerin" und „Gesühnt" heraus, welche gleich gute Aufnahme fanden. Auch als Mitarbeiterin größerer Zeitschriften wurde sie gern gesehen. Mit den Märchen: „Prinzeßchens Irrfahrten" und „Zwei Puppen" hat die Autorin auch das Gebiet der Kinderschriften mit Glück betreten. Obgleich dem katholischen Bekenntniß, in welchem sie geboren und erzogen, von ganzem Herzen zugethan, zeigen ihre Schriften doch keinerlei Schärfe gegen Andersgläubige, wie denn auch ihre Gesinnung eine durchaus vaterlandstreue ist, was aus ihrem Roman „Leonie" unzweifelhaft hervorgeht.

Die Schriften unserer Dichterin können wir unseren Töchtern mit vollem Vertrauen in die Hand geben und nur den Wunsch hegen, daß sie die religiösen und liebevollen Gesinnungen der Schriftstellerin zu den ihrigen machen.

Die unter dem Titel „Aus Heimath und Fremde" gesammelten Novellen und die Novelle „Agnes Erlenau" (beide 1888 erschienen) zeigen die erwähnten Vorzüge ihrer Schreibart in erhöhtem Maße. Dieselbe ist hier wesentlich kürzer und prägnanter geworden.

Die oben angedeutete Liebe zur Musik hat die Autorin, welche sich seit mehreren Jahren ihrer eigentlichen Heimath, dem sagenreichen Westfalen, wieder zugewandt hat und in Paderborn bei einer verwittweten Schwester lebt, auch der Liederkomposition zugeführt. Selbst mit einer außergewöhnlich schönen Mezzosopranstimme begabt, hat sie sich schon früher in der Komposition von Liedern versucht, deren einige bereits erschienen sind.

Das Talent der Autorin überragt das Niveau der landläufigen Erzählungs-Schreibweise bei weitem, daher gebührt ihr auch ein Platz unter den besten der jetzt lebenden Schriftstellerinnen.

Andreas Joseph Graf Thürheim.

Andreas Joseph Graf Thürheim, geboren am 17. Mai 1827 im Fürstlich Starhembergischen Schlosse zu Efferding in Oberösterreich, verlor im sechsten Lebensjahre seinen Vater durch den Tod und kam zehnjährig in die K. K. Theresianische Ritterakademie zu Wien, in welcher er seine Erziehung und Ausbildung erhielt und 1839 auch K. K. Edelknabe wurde. Am 5. Oktober 1844 wurde er als Kadett zum K. K. Pionier-Corps assentirt, jedoch in die Corpsschule zu Tuln kommandiert, von wo er nach einem zweijährigen Kursus als Lieutenant zum 40. galizischen Infanterie-Regimente befördert, aber schon ein Jahr darauf zum damaligen 3. Chevaurlegers- (jetzt 8. Ulanen-Regimente) Erzherzog Ferdinand Maximilian versetzt wurde, in welchem er in seiner Rangtour am 9. Februar 1849 zum Oberlieutenant vorrückte. Im November 1850 bei der Mobilisirung gegen Preußen wurde derselbe als Ordonnanzoffizier zum Kommandanten der I. Armee (Centrum) später Feldmarschall Grafen Wratislaw beordert und am 1. Juli 1851 zum Rittmeister im 5. Ulanen-Regiment Graf Wallmoden befördert. Am 13. Mai b. J. trat Andreas Thürheim als Rechtsritter in den Malteser-Orden ein und wurde am 22. Juli b. J. K. K. Kämmerer. Am 2. Dezember 1855 zum Flügeladjutanten des Feldmarschalls Fürsten zu Windisch-Grätz ernannt, begleitete er seinen Chef im Mai 1856 bei dessen auf Einladung König Friedrich Wilhelm IV. erstatteten Besuche des Hofes zu Berlin, bei welcher Gelegenheit Thürheim den Königl. preußischen rothen Adlerorden III. Klasse erhielt.

Zu Folge eines sich immer mehr entwickelnden, durch die notorische Kälte des Winterfeldzugs 1849 hervorgerufenen Gehörleidens quittirte er am 31. August 1857 mit Beibehaltung des Militaircharakters und gründete aus diesem Anlaß in treuer Anhänglichkeit an seine ehemaligen Waffengefährten zwei Stiftungen zu Gunsten der Mannschaft der beiden Ulanen-Regimenter Nr. 5 und 8, in welchen er gedient.

Im Kriegsjahr 1848 wohnte Graf Thürheim dem Gefechte bei Rückos in Siebenbürgen bei, dann zeichnete er sich aus bei Lippa im Banate, in welchem Orte er (am 11. Dezember) mit seinem Zuge zur Durchstreifung und Säuberung desselben kommandirt, mehrere Ge-

fangene machte, wofür er von dem Kolonnen-Kommandanten Oberstlieutenant von Berger des Infanterie-Regiments Bianchi belobt und
zu einer Auszeichnung in dessen Relation empfohlen wurde, ferner in
der Entsatz-Schlacht von Arad (am 14. Dezember) vom kommandirenden
General Grafen Leiningen mit wichtigen Aufträgen an kämpfende
Truppentheile gesendet, erntete der Graf noch auf dem Schlacht-
felde für die genaue und zweckentsprechende Ausführung derselben das
warme Lob des genannten Generals.

Die erste Hälfte des Winterfeldzugs 1849 mit ihren vielfachen
Aktionen und Bewegungen machte Thürheim bei seiner Abtheilung
mit, die zweite Hälfte und den Sommerfeldzug zur Besatzung der
Festung Carlsburg gehörend, nahm er Theil an der Belagerung und
Vertheidigung dieses einzigen unbezwungenen Platzes in Siebenbürgen
und wohnte daselbst fünf Bombardements und 28 Ausfallsgefechten
bei, ebenso am Schlusse dem Gefechte bei Alvincz und dem Treffen
bei Mühlenbach (12. August). Im Festungskommandobefehle vom
16. Juli 1849 wurde Oberlieutenant Graf Thürheim namentlich belobt für sein tapferes Verhalten bei Attaquirung und Wegnahme
einer feindlichen Raketenbatterie. In diesem Gefechte beim Ueber-
setzen eines Grabens mit seinem durch einen Bajonettstich blessirten
Pferde stürzend, sah er sich durch den Chevaurleger Johann Hollub
vor dem Tode oder der Gefangennahme von Seiten der heransprengenden
feindlichen Husaren gerettet, und sein Retter wurde für diese That
mit der goldenen Tapferkeits-Medaille geschmückt. Am 8. Mai 1855
empfing Graf Thürheim in der St. Johannes-Kirche in Wien nach
feierlicher Ablegung seiner Ordensgelübbe den Ritterschlag und rückte
gleichzeitig zum Comthur des Malteser-Ordens zu St. Michael vor.
Mit allerhöchster Entschließung vom 15. Mai 1863 wurde ihm der
Majors-Charakter verliehen. —

Nach zweimonatlichem Aufenthalte in Rom und mehreren Privat-
Audienzen bei Papst Pius IX. erhielt der Malteser-Kommandeur
Graf Thürheim laut päpstlichen Reskriptes „de dato Romae 16 Martii"
1866 die Dispens und Lösung seiner Ordens-Gelübbe und trat hier-
mit gänzlich aus dem Malteser-Orden — ein äußerst seltener Fall!
Er vermählte sich nun am 26. April 1866 zu Prag in der
St. Nicolas-Kirche mit Clotilde Marie Justine Freiin von Hennet,

welche am 2. Februar 1869 zur Sternkreuzordensdame ernannt, aber
schon nach wenig Jahren einer musterhaft glücklichen Ehe, am
12. Dezember 1871 zu Teplitz-Schönau starb, nachdem sie ihren
Gemahl mit zwei Töchtern Marie und Therese beschenkt hatte. Am
3. Juli 1873 schritt Graf Thürheim zur zweiten Ehe in der Schloß-
Kapelle zu Dobritschau in Böhmen mit Sophie Freiin Zeßner von
Spitzenberg, aus welcher Ehe ein Sohn Ludwig entstammt. Gräfin
Sophie Thürheim ist seit 3. November 1874 Sternkreuzdame.

In Folge seiner schriftstellerischen Thätigkeit wurden dem Grafen
Andreas Thürheim zahlreiche Auszeichnungen und Anerkennungen zu
Theil, so mit Allerhöchster Entschließung d. dto. Wien 28. August 1877
der Kaiserlich österreichische Orden der Eisernen Krone III. Klasse, wie
es in der Zuschrift des K. K. Oberstkämmerer-Amtes heißt: „in Anerkennung vielfacher litterarischer Verdienste", — ferner mit Allerhöchster Entschließung vom 13. Dezember 1880 die große goldene
Medaille für Kunst und Wissenschaft, ferner das Kommandeurkreuz
des großherzoglich hessischen Philipporders, das Ritterkreuz des großherzoglich Toskanischen Joseph-, jene des k. sächsischen Albrecht-, des
großherzoglich hessischen Ludwig-, des herzoglich nassauischen Adolf-
Ordens mit den Schwertern, ebenso Anerkennungsschreiben Ihrer Ma-
jestäten des Kaisers Maximilian von Mexiko, der Könige Leopold I.
von Belgien, Franz II. von Neapel, des Königs von Württemberg,
des Herzogs von Braunschweig pp.

Gegenwärtig wohnt Graf Thürheim in Salzburg. Seine litterarischen Werke sind überall mit Anerkennung und Auszeichnung aufgenommen. Im Januar 1890 wurde in Salzburg das 40 jährige
Schriftsteller-Jubiläum des Majors a. D. Andreas Grafen Thürheim
gefeiert. Das Armeeblatt vom 29. Januar 1890 berichtet darüber
u. a.: Was Thürheim der Armee ist, bedarf kaum der Erwähnung.
Von edler Begeisterung erfüllt für Kaiser und Reich, für die Armee
und ihre Helden bis hinab zum niedersten Tapferen, hat er rastlos in
Oesterreichs Ruhmeshalle gearbeitet; von der Einsicht geleitet, daß das
Studium der Geschichte die Grundlage bildet für die Entwickelung des
kriegerischen Geistes, der Verehrung für das in gewaltigen Kämpfen
Geschaffene und des Strebens, die glorreichen Banner des Heeres
würdig und fleckenlos in die Zukunft zu tragen, hat er mit seltenem

Fleiße, tiefem Verständnisse und gründlicher Arbeit der Armee eine
Anzahl hervorragend historischer Werke zum Geschenk gemacht. So
sind in diesen 40 Jahren aus seiner Feder hervorgegangen: Eine Reihe
selbständiger militär-historischer Lebensskizzen hervorragender Generale
(der Feldmarschälle Carl Fürst de Ligne, 1877, Otto Ferdinand Graf
von Abensperg und Traun, 1877, Ludwig Andreas Graf von Rheven-
hüller Frankenburg, 1878, Christoph Martin Freiherr von Degenfeld
und dessen Söhne, 1881, Ernst Rüdiger Graf Starhemberg, 1882,
Briefe des Grafen Mercy an Louis Starhemberg, 1884, Ludwig Fürst
Starhemberg, Lebensskizze, 1888, Fürst Windischgrätz); mehrere Sammlungen von Erinnerungen, Bildern und Schilderungen aus dem Soldatenleben in Krieg und Frieden (Reminiscenzen, Fragmente eines
Tagebuchs, 1861—64, Licht- und Schattenbilder aus dem Soldaten-
leben und der Gesellschaft, Tagebuchfragmente und Rückblicke eines
ehemaligen Militärs, 1876, Von den Sevennen bis zur Newa, 1879);
vielfache Beiträge zum Heldenbuche der österreichischen Krieger (Unsere
Helden, Lebensbilder für Heer und Volk, 1885); die Geschichte der
K. u. K. Kavallerie-Regimenter (Geschichte des K. K. 8. Ulanen-Regiments
Erzherzog Ferdinand Maximilian, 1860, die Reiter-Regimenter der K.
K. österreichischen Armee, 3 Bände, 1880; Beitrag zur Geschichte des
Infanterie-Regiments Erzherzog Rainer Nr. 59; endlich zahlreiche Aufsätze historischen Inhalts in verschiedenen militärischen Blättern. In
Würdigung dieser hervorragenden Leistungen und Verdienste um die
Armee und speziell auch um das Infanterie-Regiment Nr. 59, ergriff
das Offizierkorps dieses Regiments die Gelegenheit, dem Jubilar und
alten Kameraden seine Verehrung und seinen Dank zum Ausdruck zu
bringen. Von einer Deputation wurde ihm ein Lorbeerkranz überreicht,
auf dessen silbernen Blättern die Namen seiner Werke, auf dessen sil-
berner Schleife die Widmung zu lesen ist: „Dem tapferen Degen und
Sänger der Helden, — das Offizierkorps von Rainer-Infanterie".
„Frauenherz", eine Novelle, 1889, und Stella matutina aus dem
Leben eines Idealisten, eine Studie aus dem noch ungedruckten Manuskript: Kaleidoscopen aus der Geschichte und dem Alltagsleben sind
die neuesten Werke des Grafen Thürheim. Hoffentlich und voraus-
sichtlich wird es nicht das Letzte sein, da sich Graf Thürheim nebst
voller geistiger Frische auch Arbeitslust und Kraft erhalten und an

6

Feuer und Tiefe der Empfindung nichts eingebüßt hat. Möge ihm
der Himmel noch lange diese Güter erhalten, und mögen seine Schriften
auch ferner befruchtend auf die Jugend der Armee wirken im Geiste
des Verfassers: „in Begeisterung und Hingebung für Kaiser und Reich,
in Liebe und Verehrung für edles Denken und männliches Handeln".

Jeannot Emil Freiherr von Grotthuß.

In meiner Büchersammlung finden sich unter der Abtheilung
„Deutsche Litteratur" nahezu sämmtliche poetische Veröffentlichungen
der Neuzeit. Es sind darunter hunderte, welche ich nicht des Ankaufs
werth gehalten hätte, wenn sie die Verfasser mir nicht freundlichst zugeeignet hätten. Dagegen besitze ich eine ganze Reihe werthvoller
Dichtungen, die mir, je öfter ich in einsamen Stunden bei ihnen ver-
weile, wie liebe Freunde immer von neuem ihren Werth zeigen; es
sind Werke, die des reifen Mannes Herz befriedigen, stärken und in
der Unruhe des Tages trösten.

Es leuchtet ein, daß derartige Bücher, von denen ich meines
Herzens Befriedigung, Stärkung und Tröstung verlange, nicht ober-
flächliche Reimereien, gedankenleeres Zeug enthalten dürfen — sich
hieran zu ergötzen überlasse ich neidlos anderen — jeder, der mit mir
das Ernste im Leben und das Gediegene in der Kunst verlangt, wird
mir darin Recht geben.

Da fällt mir ein nicht sehr umfangreiches, aber, wie ich mich
durch öfteres Lesen überzeugt habe, inhaltlich sehr werthvolles Buch auf,
das ich heute dem Leser mit gutem Gewissen empfehlen will. Es
nennt sich: „Am Strome der Zeit. Dichtungen von Jeannot Emil
von Grotthuß. Riga, R. Kymmels Buchhandlung 1886. XVI und
248 Seiten."

Wer ist der Verfasser? (Um einer falschen Auffassung zu begegnen,
bemerke ich, daß ich diese Frage, ehe ich an die Lektüre eines Werkes
gehe, nicht thue, sondern vorerst das Werk auf mich einwirken lasse,
darnach, wenn es mir möglich ist, mich über die äußeren Lebensumstände und den geistigen Entwickelungsgang des Verfassers unterrichte.
Um aber hier ein Ganzes zu geben, will ich in kurzem zunächst den
Lebenslauf des Verfassers vorführen. Es wird mir der eine oder der

andere der geneigten Leser vielleicht Dank wissen, da der Name des Verfassers in diesen Kreisen nicht unbekannt ist.)

Jeannot Emil Freiherr von Grotthuß entstammt einem alten niederrheinischen Geschlecht, das aber schon seit 1505 in Kurland angesessen ist.

Am 24. März (a. St.) im Jahre 1864 in Riga geboren, erhielt er seinen ersten Unterricht auf dem väterlichen Gute Wellikan und besuchte die klassischen (deutschen) Gymnasien zu Riga und Libau. Nach abgelegter Abiturientenprüfung in Libau bezog er die Universität zu Berlin, wo er sich hauptsächlich ästhetischen, litterar- und kunsthistorischen Studien widmete. Nach seinem Abgang von der Universität trat er als zweiter Redakteur in die Leitung des „Deutschen Adelsblattes" ein, um dann in Gemeinschaft mit dem Herausgeber dieses Organs, dem Herrn von Mosch, die Zeitschrift „Deutsche Post", ein nationales Gesammtorgan für die Deutschen aller Länder, insbesondere aber die im Auslande, zu begründen, und die Chefredaktion dieses Blattes zu übernehmen. Nachdem letzteres, das namentlich von den baltischen Deutschen, seinen Landsleuten, viel gelesen wurde, deren Interessen es gegenüber den Angriffen des Panslavismus energisch vertrat, von der russischen Oberpreßverwaltung verboten wurde, schied Grotthuß aus der Redaktion und dem Verlage der „Post" aus, um sich ganz der selbstständigen schriftstellerischen Thätigkeit und der Mitarbeit an zahlreichen Organen des In- und Auslandes, insbesondere auch am „Daheim", den „Neuen Monatsheften des Daheim" (jetzt „Velhagen & Klasing's Neuen Monatsheften") u. s. w. zu widmen. Im Jahre 1890 übernahm er auf Wunsch des Herausgebers und Verlegers abermals die Chefredaktion der „Deutschen Post", um das Unternehmen, das inzwischen in falsche Hände gerathen war, zu rekonstruiren. Bald jedoch drängte sich ihm die Ueberzeugung auf, daß die Firma, von welcher das Blatt gedruckt und verlegt wurde, der Leitung eines derartigen Unternehmens finanziell nicht gewachsen sei, dasselbe vielmehr in den eigenen Ruin mit hineinziehen werde. In Folge dessen legte Grotthuß seine Stellung nieder und nahm seine früheren Beziehungen wieder auf. Der Zusammenbruch jener Firma ist dann auch in der That einige Zeit nach dem Ausscheiden Grotthuß' eingetreten und hat das Aufhören der „Deutschen Post" zur weiteren Folge gehabt.

Zur Zeit lebt Grotthuß als selbstständiger Schriftsteller und ständiger litterarischer Mitarbeiter vieler Zeitschriften in Berlin.

Erschienen in Buchform ist aus seiner Feder nur eine Sammlung seiner Dichtungen, die obengenannte. Vorbereitet wird von ihm die Herausgabe eines „Baltischen Dichterbuches" einer umfassenden Sammlung der werthvollsten baltisch-deutschen Dichtungen vom 12. Jahrhundert bis zur Gegenwart) sowie die Buchausgabe zahlreicher, in Zeitschriften erschienener, ästhetischer, kritischer und litterarhistorischer Studien. —

Zur Charakteristik des Grotthuß'schen Werkes: „Am Strome der Zeit" sei hier folgendes bemerkt: Der Verfasser hat das Buch seinem Vater, Carl Freiherrn von Grotthuß-Wellikan zugeeignet und mit einem Vorwort versehen. Das letztere ist bei lyrischen Dichtungen ungewöhnlich, bedarf also einer Erklärung. Der Dichter will sich im Vorwort mit der Kritik über den in einer Reihe seiner Gedichte enthaltenen Pessimismus verständigen. Er untersucht, inwieweit die Bezeichnung „Krankheit" für den Pessimismus unserer Tage zutrifft und gelangt zu dem Schluß: „Der Pessimismus kann schön, die Schönheit dagegen niemals krankhaft sein"; d. h. es giebt einen gesunden Pessimismus. Weiter äußert sich der Dichter: „Wenn ich nun die Berechtigung des Pessimismus nachzuweisen suche, werden manche sagen, daß ich ihm das Wort rede, so bin ich weit davon entfernt, in den entgegengesetzten Fehler zu verfallen und die Berechtigung des echten, weltfreudigen Optimismus auch in unserer Zeit zu leugnen. Ich habe mich oben vorsichtig ausgedrückt, ich sagte: „der hauptsächlichste Inhalt unseres Zeitgeistes ist der Pessimismus"; ich habe nicht behauptet, daß er seinen ganzen Inhalt bilde. Es ist nie ausschließlich eine Farbe, welche auf dem Antlitze der Zeit wiederstrahlt, und es ist nicht der Pessimismus allein, der in unserer Zeit wahr und poetisch berechtigt ist, sondern es schießt auch noch der unversiegbare Quell der Welt- und Lebensfreudigkeit in frischen, fröhlichen Strahlen zum immerblauenden Himmel empor. Und an den Ruinen des stolzen Schlosses unserer alten Gedankenwelt rankt sich der grüne Epheu der unvergänglichen Naturkraft des Menschenthums empor. Glücklicher und liebenswürdiger ist der Poet, dessen Individualität sich zu diesem grünen Zweige der Dichtkunst hinüberneigt; tiefer und im wahren

Sinne des Worts ein Dichter unserer Zeit, derjenige, der in den Geheimnissen der Natur und im Schachte des menschlichen Herzens nach
dem Golde neuer Ideen wühlt". Die berühmten Verse Homers
(Ilias VI, 145—149) zitierend, klingt ihm die Vergänglichkeit, der
tiefe Grundton des Pessimismus, selbst aus dem lichtvollen, heiteren
Ideenreich der Hellenen, aus den unsterblichen Versen des Vaters
Homer entgegen. In ihnen liegt, wie der Dichter sagt, das Geheimniß des ewigen Pessimismus ausgesprochen, zugleich aber auch das
Geheimniß des ewigen titanischen Auflehnens der Menschen gegen die
Gottheit und die Natur; denn Götter werden auf den Thron gehoben
und wieder hinabgestürzt, aber die Menschheit als solche ist unver-
gänglich. . . . .

Das ist wohl menschlich, aber nicht christlich gedacht, und unser
Verfasser hätte kein Recht, für ein Blatt wie das Deutsche Adelsblatt,
das ja nur positiv christliche Anschauungen vertritt, zu wirken, hätte
er nicht im Laufe der Jahre diesen Standpunkt überwunden und sich
der christlichen und, ich betone es, allein berechtigten Weltanschauung
zugewandt. Ein kürzlich entstandenes Gedicht des Verfassers giebt uns
Kunde von der Umwandlung seiner Anschauungen. Gebe Gott, daß
diese Gedanken sich bei ihm immer mehr vertiefen und er allein von
diesem nun gewonnenen Standpunkte alles beurtheilt.

An Gott!

Schwer traf mich Deine Hand! Ins Mark der Knochen
Schlug mir Dein Blitz in Nacht und Sturmesgraus.
Du bist der Stärkere! Ich bin gebrochen,
Und mit dem Trotz der Jugend ist es aus!

Einst war ich stark! Ach, Herr! ich kann nicht lügen: —
Mich dauert meiner Jugend Ueberkraft,
Mich dauert auch ihr stolzes Ungenügen,
Mich dauert meine heiße Leidenschaft!

Doch dank ich Dir, daß Du mit Blitz und Wettern
Zerschlugst den Thoren, der sich Gott geglaubt;
Nicht niedrig ist's, was Stürme jäh zerschmettern,
Nein, nur der Eichen stolzes Kronenhaupt.

Noch fühl ich Deiner Flammen Mäler rauchen,
Noch quillt's zum Herzen blutig mir hinauf;
Doch schon am fernen Horizonte tauchen
Die Morgensterne Deines Friedens auf.

Die Dichtungen „Am Strome der Zeit" hat der Dichter in sechs Abschnitte gegliedert, von denen der erste „Gott und Mensch" allerdings der pessimistischen Weltanschauung Ausdruck gegeben hat, so gut es nur ein wahrer Dichter vermag. Er ist kein Nachahmer des bekannten Hieronymus Lorm, sondern steht mit diesem berühmten Dichter in dem Ausdruck der genannten Anschauung auf einer Stufe, wenn nicht an manchen Stellen seiner Gedichte über ihm. Ich meine nicht, daß er stärker, wie jener, dem Pessimismus huldigt, aber seine Töne klingen voller und schöner. „Auf dem Meer und Meeresstrande, ein lyrisches Märchen" nennt sich der zweite Abschnitt. Wer unter den Dichtern aller Zeiten — ich nenne unter den neueren nur Freiligrath, Heine und Karl Woermann — hat sich dem Zauber des Meeres je entziehen können! Reizvolle Stücke finden wir in diesem Abschnitt, gleich der bezaubernden Anmuth des Meeres selbst. Auf mich, ich gestehe es, hat das Meer eine ungleich größere Wirkung von jeher ausgeübt, als alle die Berge, Thäler und Städte des deutschen Vaterlandes. Der dritte Theil: „Natur und Gemüth" zeigt uns den Stimmungslyriker. Man höre: Morgen- und Abendlied (S. 83):

Mit wundersamem Läuten
Der Tag zur Erde zieht,
Auf Sonnenstrahlen-Saiten
Spielt er ein goldenes Lied.

Ringsum erklingen die Glocken,
Der Abend ist feucht und spät,
Die Wälder rauschen und singen
Ein stilles Abendgebet.

Sein Atem sind die Winde;
Die tragen die Melodein
Wohl jedem Blumenkinde
Ins tiefste Herz hinein!

Andächtig lauschend haben
Die Blumen die Köpfchen gesenkt,
Schon hat die Nacht ihre Aeuglein
Mit schläferndem Taue besprengt.

Die Nacht kommt hergezogen
Im feuchten Nebelgewand,
Mit frommen Sternenaugen
Schaut sie aufs schlafende Land.

Der Volkston ist in mehreren Gedichten auf das beste getroffen, so in „Das Sträußlein aus Moos", „Wie der Bach ein See ward",

„Mägdlein im Walde", „Mein Herz ist ein Vöglein". Wie innig
gedenkt der Dichter stets seiner Heimath und der dort verlebten Jugendjahre!

> Und ich bin fern, bin fern!
> Wär' doch in der Heimat so gern
> Und möchte so gerne belauschen
> Glocken und Waldesrauschen!

Wie herrlich besingt er sein schönes Baltenland im vierten Theil
des Buches!

O Baltenland,	O Baltenland,
Du schönes Land,	Du armes Land,
Du liebe Flur am Ostseestrand,	Du liebe Flur am Ostseestrand!
In deiner schlichten Herrlichkeit,	Du Land, das seiner Blüten Zier
Du schöne Braut, so oft gefreit,	Zertreten sah von fremder Gier;
An deren Brust des Meeres Flut	Dem Polenlist und Schwedentrug
Sich stürzt in wilder Liebeswut —	Wohl manche tiefe Wunde schlug;
Laß falten meine Hände mich	Wo manche rote Rose glüht,
Und beten still und feierlich:	Auf blutgetränkter Flur erblüht,
Du seiest nun und alle Zeit	Du seiest nun und alle Zeit
Gebenedeit, gebenedeit!	Gebenedeit, gebenedeit!

Dem Dichter bittet er aufs Grab nicht ein Monument aus
Marmor zu setzen, sondern ihm darauf zu legen:

> Die schönste Krone, die ein Mensch errungen,
> Das ist die Krone, die der Heiland trug!

Der fünfte Abschnitt giebt die psychologische Dichtung: „Ein
Fragment aus dem Leben". Eine ergreifende Dichtung, werthvoll und
gedankenreich, wie das ganze Buch des Dichters. Das Werk schließt
ab mit vortrefflichen Uebertragungen aus dem Russischen des Lermontoff
und aus dem Schwedischen des Runeberg. Unser Gesammturtheil ist:
Ein Dichter, der solche Töne anzuschlagen weiß, ist der Beachtung
nicht einiger weniger, sondern eines ganzen Volkes werth.

Adda Freifrau von Lilieneron

wurde am 28. Juli 1844 in Lützow bei Berlin geboren. Ihr Vater
ist der aus den Feldzügen 1848/49, 1866 und 1870/71 rühmlichst
bekannte General der Infanterie z. D. Carl Freiherr von Wrangel,
ihre Mutter, Adelheid geb. von Stranz. Adda wurde, während

der Vater die Garnison verschiedentlich wechselte, im elterlichen Hause erzogen, bis sie sich am 29. Juli 1864 mit Karl Freiherrn von Lilien- cron vermählte, der bei dem 3. Garde-Ulanen-Regiment in Potsdam stand und an den Kriegen von 1864, 1866 und 1870/71 theilnahm. In Böhmen wurde er schwer verwundet; vor Paris brachte ihn der Typhus an den Rand des Grabes. Seine Gattin schlug sich damals tapfer unter Mühen und Gefahren durch, um den kranken Gemahl vor Paris zu pflegen und dann heimzuholen. Die schädlichen Nach- wirkungen aller dieser Strapazen, sowie schließlich eine lebensgefährliche Verwundung durch den Schlag eines Pferdes, nöthigten den Gatten, den Dienst zu quittiren. Er kaufte das Gut Sproitz bei Görlitz, dessen Bewirthschaftung er, von seiner Gattin unterstützt, selbst führt. Hier in Sproitz begann Adda Freifrau von Liliencron unter den Ar- beiten der Mutter, Hausfrau und Gutsherrin sich auch als Schrift- stellerin zu bethätigen, und die rasche Folge ihrer Veröffentlichungen beweist, daß sie ihr Talent mit großer Leichtigkeit auszubeuten versteht. „Um meinem heranwachsenden Kinde die Anschauungen und Lehren der Mutter bleibender mitzugeben, schrieb ich zuerst", gesteht sie selbst. Das Manuskript ihres ersten Romans „Giovanna", historischer Roman aus den Jahren 1788—1793, 2 Bände, 1881, sandte sie an Georg Ebers, welcher der Verfasserin darüber u. a. schrieb: „Ihre Giovanna ist ein eigenthümliches Buch, nach dessen Lektüre ich nur mit Entschiedenheit sagen kann: Sie sind eine Dichterin und verfügen über ein ungewöhnliches Darstellungstalent; aber es fehlt Ihnen noch Eins: und das ist (Ihren litterarischen Produktionen gegenüber) die Selbstkritik und Selbstbeschränkung .... Nehmen Sie das Manuskript noch einmal vor und überarbeiten Sie es mit dem Bestreben, größere Knappheit zu erzielen. In dieser Form kann und wird kein Verleger Ihr Manuskript, das einem werthvollen, aber völlig ungeschliffenen Steine gleicht, annehmen und drucken lassen .... Zum Schluß kann ich nur wiederholen, daß ich viel Schönes und Erfreuliches in Ihrer Arbeit gefunden und die feste Ueberzeugung gewonnen habe, daß Sie zu vorzüglichen Leistungen befähigt sind." — Diese Kritik veranlaßte eine Umarbeitung.

Der Roman Giovanna hat als Hintergrund die französische Revolution vom Jahre 1788 bis zur Hinrichtung Ludwig XVI. mit einem kurzen Rückblick auf die ersten freien Ideen und Bewegungen im Staatsleben uuter dem Minister Baron Turgot. Mirabeau's und Lafayette's Thätigkeit für den Staat und den König, welche besonders in jene Zeit fällt, wird eingehend beleuchtet. Der König selbst mit seinen Schwächen und zugleich seinen hervorragend edlen Eigenschaften bildet eine der Hauptfiguren, wenn er auch für die Geschichte des Romans nur den Hintergrund bietet. Die geschichtlichen Thatsachen, sowie die staatlichen Bewegungen sind streng aus den besten Quellen geschöpft. Der Roman schließt sich ganz der Entwickelung der Revolution an, die einzelnen Persönlichkeiten darin vertreten die verschiedenen Stände und Geistesrichtungen jener Zeit. Der Grundgedanke des Romans wird in dem Motto ausgedrückt: Fidèle à Dieu, au roi, à mon amour. Ein junger Geistlicher aus der Aristokratie Frankreichs, der die erkannten Mißbräuche, welche sich unter den hohen Prälaten eingeschlichen, schmerzlich empfindet, und dem tief im Herzen die brennende Sehnsucht glüht nach Licht und Wahrheit, dieser ist der Repräsentant des Wortes Fidèle à Dieu. Sein Charakter wird gestählt im Kampfe, er ringt sich von Klarheit zu Klarheit, bis er mit dem Tode auf dem Schaffott seinen Glauben besiegelt. Der Marquis St. Herbert, der Vater des jungen Geistlichen, ist das Bild der Königstreue, welche alle eigenen Wünsche und Gefühle zurückdrängt, um die furchtbaren Prüfungen von seinem angebeteten Könige zu wenden und, wenn dies nicht geht, wenigstens die schwersten Stunden mit ihm zu theilen. Fidèle au roi bis zum letzten Athemzuge. In seinem jüngeren Sohne und in Giovanna, dem Mädchen, das er liebt, vereinigt sich das ganze Wort. Die tiefe und reine Liebe der beiden jungen Herzen beugt sich allezeit zuerst dem Gebote der Pflicht, bleibt aber unwandelbar in den verschiedenen Lebensführungen. Der Vater des jungen Mädchens, der bürgerliche Ehrenmann von gediegenem Schrot und Korn, bezeichnet die freie Richtung auf staatlichem Gebiete nach dem System Turgot, während sein Sohn, von schwärmerischen Ideen bethört, an dem Ziele vorbeischießt. Wenn noch ein Wort gesagt werden soll über den Zweck des Buches, so ist es der, in dem Herzen der Leser die reine und ideale Auffassung der Lebensaufgabe zu wecken, sie zu begeistern für alles, was groß und edel ist und hier und da durch Bild und Wort einen ernsten Gedanken zu wecken, dem sie auch päter einmal gern nachhängen. Trotz des jugendlichen Pathos ist der Gegenstand höchst gelungen aufgefaßt und in Anlage und Komposition meisterhaft durchgeführt. Die Kritik eines großen Litteraten war die: Der Roman ist ein vollendetes Epos, das historische Bild schreibt kein Historiker besser, und die Sprache ist klassisch.

Diesem viel verheißenden Erstlingswerke folgte 1882 die Erzählung: Wera Paulowna oder die Entscheidung im Schipkapasse Dieser Roman spielt in den Jahren 1876—1878, entwickelt zwei Bilder, gestützt auf wahrheitsgetreue Quellen. Einerseits enthält es eine Darstellung der Lehren und Zwecke des Nihilismus, zeigt, wie dieser mit seinen weit reichenden Wurzeln das Glück der Familien, sowie des Einzelnen untergräbt und schildert die Schleichwege des Nihilismus, der theils durch List oder Verstellung fanatische junge Leute an sich kettet, theils durch Drohungen ängstliche Gemüther schreckt und sich dienstbar zu machen sucht. Die andere Seite des Romans zeichnet die Erhebung und Befreiung Bulgariens und verweilt eingehend bei dem Kampfe am Schipkapaß, welcher zugleich die Entscheidung über das Schicksal der Hauptpersonen bringt. Der Gedanke, der dem Roman zu Grunde liegt, spricht sich in dem Motto des Buches aus: Segenbringende Freiheit, du blühest nur dem, der gelernt, dem Gesetz sich zu beugen! Das Buch schildert den Gegensatz, der in dem Ringen nach Freiheit bei den Nihilisten und bei dem geknechteten bulgarischen Volke liegt. Eine reine, begeisternde Vaterlandsliebe, ein kühner, starker Glaube und eine treue, aufopfernde Liebe sind die Grundzüge der Hauptcharaktere.

1886 erschien A. v. Liliencrons Erzählung aus der Zeit von Schills Erhebung: Sonnenschein und Sturm. Das ist eine liebliche, durch warmes Gemüth ebenso wie durch tadellosen Stil fesselnde Erzählung von zwei frommen jungen Leuten, schreibt das Deutsche Litteraturblatt, die durch alle Stürme der Zeit einander die Treue wahren und den herrlichen Lohn ihrer Gesinnung empfangen. Der Schauplatz der Handlung ist Rügen und Stralsund. Schill, in dessen Unternehmung der junge Graf Axel, Ilsens Bräutigam, mit hineingezogen wird wider den Willen der Verwandten seiner Braut, tritt uns im Strahlenglanz seiner Vaterlandsliebe und seines Märtyrertodes entgegen. Ueberhaupt weht durch das Buch ein Hauch patriotischer

Begeisterung, der wahrhaft wohlthut. An diesem Werke Liliencrons ist ein bedeutender Fortschritt ruhiger und sicherer Erzählungskunst zu rühmen. Noch mehr tritt dieser Fortschritt in „Margarita", eine Erzählung aus dem Schwarzwald, welche 1886 erschien, hervor. Margarita ist die Perle des Schwarzwaldes, die Enkelin eines wohlhabenden Gasthofsbesitzers, die zwar der höchsten Bildung sich erfreut, aber wie eine Waldblume sich den Duft der Unschuld bewahrt hat. Wie ihr unberührtes Herz in wonniger Sehnsucht sich öffnet gegen den jungen Grafen Herzberg, und wie das herrliche Paar sich fürs Leben eint — das ist der Inhalt des reizenden Büchleins. Das Buch ist eine bedeutende litterarische Erscheinung der Gegenwart, edel und genußreich:

Liliencrons letzthin erschienener Roman „Zu spät" zeigt die höchsten Vorzüge trefflichster Erzählungskunst. „Zu spät" nennt er sich, weil in zwei entscheidenden Lebenslagen der Warnungsruf „zu spät" noch rechtzeitig an die Umkehr mahnt und von rettender Wirkung sich erweist. Die Komposition ist eine höchst glückliche, alles Unwahrscheinliche vermieden, die Charaktere erscheinen nicht nur als durchaus sympathische, sondern auch als lebenswahre Gestalten, es sind keine Phantasiegebilde, die nur ein romanhaftes Scheinleben führen, aber auf dem Boden der Wirklichkeit nicht zu existiren vermögen. Doch dürften diese Vorzüge nicht allein einen so besonders fesselnden Einfluß auszuüben vermögen: es ist in erster Linie der Geist, der das Buch durchweht, das von der ersten bis zur letzten Seite Zeugniß ablegt von einem Adel der Gesinnung, einer Tiefe und Innigkeit des Gemüths, wie es nur selten in so ungesuchter, wirkungsvoller und einflußreicher Weise der Fall sein wird. „Zu spät" rechnet zu den edelsten Gebilden der modernen Belletristik.

Ihre trüben Erlebnisse vor Paris, wohin sie zur Pflege ihres kranken Gemahls in aufopferndster Weise geeilt war, hat sie in der Erzählung „In schweren Tagen" festgehalten und lebenswahr vorgeführt. Die Erzählung erschien in Dr. L. Meyns schleswig-holsteinischem Hauskalender für 1888. Die Erlebnisse sind hier zu einer zarten und duftigen Dichtung verklärt.

In Abba von Liliencron hat die adelige deutsche Frauenwelt eine ihrer edelsten und besten Schriftstellerinnen gestellt. Auf ihre Erzeugnisse kann die belletristische Litteratur mit Recht stolz sein. Mehr wie diese kleine Skizze geben ihre Werke ein klares Bild von der Verfasserin. Mit jedem neuen Buche zieht ein Stück ihres tief innersten Seelenlebens in das Leben hinaus. Ich schließe mit der Autorin eigenen Worten, welche von liebenswürdigster Bescheidenheit zeugen: „Der Zweck war mir immer nur, neben der Freude des Schaffens, Herzen für große und edle Dinge zu gewinnen· und dem Gemüthe reine Bilder zuzuführen."

Mathilde von Eschstruth.

Mathilde von Eschstruth, als Schriftstellerin bekannt unter dem Namen M. von Eschen, ist in der ehemaligen Residenz Kassel, eine Tochter des Rittmeisters in der kurfürstlich hessischen Garde du corps 1839 geboren. Ihre Erziehung war die eines Kindes aus guter Familie; nur daß die Kinder in ihrem väterlichen Haus ziemlich viel Freiheit genossen, sie selbst z. B. im Grunde nur infolge eigener Neigung eine tüchtige Schülerin der höheren Töchterschule in Kassel abgab. Mathilde war ein schwärmerisches Kind von tiefem religiösen Gemüth, leidenschaftlichem Empfinden und warmem, liebevollen Herzen, zugleich sehr gewissenhaft und in ihren frühesten Jahren sehr scheu und schüchtern. Frühe schon zeigte sie Anlage und Liebe zum Lernen, Begeisterung für Kunst und Wissenschaft, las leidenschaftlich gern und las, was ihr in die Hände kam. Leider fanden diese Neigungen durchaus keine fördernde Unterstützung in der Familie. Der Vater lebte zumeist für seinen Beruf und hippologische Interessen, hat er sich doch als Kurfürstlich hessischer Landgestütsdirektor unter Beibehaltung aller seiner militärischen Rechte und Titel weit über sein kleines Vaterland hinaus rühmende Anerkennung erworben. Die Mutter, eine liebliche, schöne und anmuthige Frau, pflegte gerade keine litterarischen Interessen; sie kannte nur ein Ideal, eine gute Hausfrau und Mutter zu sein — wenn Güte, selbstlose, aufopfernde Treue und strenge Gewissenhaftigkeit heute noch wie damals die Grundzüge dieses Ideals sind. Die damalige hessische Gesellschaft zeichnete sich überhaupt nicht durch die Pflege künstlerischer oder litterarischer Interessen aus. Ungefähr fünfzehn Jahre alt, schrieb Mathilde ihre erste Novelle. Diese war zwar sehr moralisch, zog ihr aber einen Verweis ihrer Mutter zu. Frau von Eschstruth wollte, ihr

Töchterchen sollte kein unglücklicher Blaustrumpf werden, sondern eine glückliche Ehefrau.

Das junge Mädchen wurde in ein Institut geschickt, wo der Haushalt mit Kochen, Backen, Waschen, Flicken, Stopfen u. dergl., dazu ein wenig Musik, Französisch und Englisch gelehrt, Zeichnen, Litteratur im Vorübergehen gestreift, und geselliger Verkehr gepflegt wurde. M. von Eschen sagt, daß sie immer in Einem fest gewesen ist, dem Ideal mit ganzer Seele nachzustreben: Gott in allen Dingen zu suchen und zu erkennen, sich, ihr Wesen und Wirken mit ihm in Einklang zu bringen um der Liebe willen; schaffen aus einem Ganzen heraus, ein Leben, das in sich ein abgerundetes einheitliches Ganzes bildet, der unaustilgbare Wunsch ihres Herzens, welches wohl auf diese Weise lange schon, ehe sich das Kind darüber Rechenschaft zu geben vermochte, die Befriedigung seiner religiösen, moralischen und ästhetischen Anlagen und Neigungen suchte, wie diese denn auch wiederum von jenem Streben und jener Liebe gefördert worden sind.

Freilich hat jenes Ideal in seinen einzelnen Formen und seinem Ausleben mannichfache Modifizirungen erfahren, je nachdem Verhältnisse, Umgebung, Bildung und persönliche Erlebnisse auf die Seele des jungen Mädchens einwirkten.

Aus der Pension zurückgekehrt, stürzte sich nun das junge Mädchen in die häusliche Thätigkeit, welche ihr damals naturgemäß als das Ziel eines tüchtigen Frauenlebens erschien. Ganz aber genügte diese Beschäftigung doch nicht, M. v. Eschen las und lernte nebenher. Wie die Eltern das junge Mädchen nicht hierzu anhielten, störten sie dasselbe auch nicht darin. M. von Eschen suchte sich ihre Lehrer aus und ihre Lektüre; Kunst und Wissenschaft zogen sie magnetisch an.

M. von Eschen wurde jetzt auch bei Hof vorgestellt und in die Gesellschaft eingeführt. Ihre Erscheinung, eine lebhaft liebenswürdige Unterhaltungsgabe, ein elastisches Temperament und eine immer bereite Heiterkeit machten sie zu einer gefeierten Dame. Dennoch, ob sie die Geselligkeit nun auch recht gründlich und von ganzem Herzen betrieb, machte auch diese ihre Seele jener oben erwähnten Neigung nicht untreu. Nach wenig Jahren schon kam der politische Umsturz, der dem kleinen Hessenlande ein Ende setzte, um es dem großen Preußen zu einen. Der kurfürstlich-hessische Oberst und Landgestütsdirektor von

Eschstruth trat in preußische Dienste, zog sich aber nach einigen Jahren in den Ruhestand zurück.

Nunmehr stand es M. von Eschen frei, sich das Leben nach ihrer ureigensten Neigung zu gestalten. Die Ansprüche abgerechnet, die eine Familie an eine im Hause bleibende Tochter stellt, konnte sie lernen was und wie viel sie wollte; ebenso konnte sie auch Verkehr mit anderen Kreisen anknüpfen. Schon sehr früh war dem jungen Mädchen der Gedanken nahe getreten, daß sie wohl nicht heirathen würde; sie hatte also daran gedacht, sich einen Beruf zu gründen. Sie hatte sich zuerst in der Musik ausgebildet, weil sie dieselbe sehr liebte, außerordentlich begabt dafür war, und auch die Ausbildung unter den Verhältnissen am nächsten lag. Die Großmutter rieth allerdings davon ab, weil man sie dann für ein ganz armes Mädchen halten würde. Charakteristisch für die damalige Meinung über Frauenarbeit.

M. von Eschen hatte es in dem Studium der Musik recht weit gebracht; eine angeborene, hochgradige, sich immer mehr steigernde Nervosität machte ihr jedoch plötzlich jedes Vorspielen, selbst in vertrautem Kreise unmöglich, damit jedes öffentliche Spiel und auch den Unterricht. So gab sie die Musik auf, machte ihr Staatsexamen für höhere Töchterschulen und ging nach England, um sich hier noch in der Landessprache fertig auszubilden. Wieder in der Heimath, begann M. von Eschstruth zu unterrichten und zu schriftstellern. Sie wählte das Pseudonym M. von Eschen, um den wahrscheinlich nicht ausbleibenden Verwechselungen mit der schon als Schriftstellerin unter ihrem Familiennamen aufgetretenen Verwandten vorzubeugen.

Was die schriftstellerische Thätigkeit von M. von Eschen betrifft, so scheint es uns, daß fast all ihren Arbeiten, auch den kleinsten Kindergeschichten, die sie selbst für das jüngste Alter so reizend erzählt, eine Idee zu Grunde liegt, oder daß es ihre Feder unwillkürlich treibt, den ideellen Nerv, die innere Nothwendigkeit in den Ereignissen, den Persönlichkeiten herauszugestalten, wie es immer die Aufgabe jedes echt künstlerischen Schaffens gewesen ist. So geht auch ein Streben nach Natur und Wahrheit durch das Schaffen dieser Schriftstellerin, nur daß sie sich bemüht, der Natur und Wahrheit in Wirklichkeit gerecht zu werden, was man durchaus nicht von den sogenannten modernen Realisten, oder gar Naturalisten behaupten kann. M. von

Eschen weiß sehr gut, daß Schmutz und Gemeinheit, eine Unsumme von Elend und Jammer in der Welt sind; daß die Guten unter uns meist nur in sich selbst ihren Lohn finden; aber sie versteht auch die reiche mannichfaltige Schönheit in dem Leben zu erkennen, glaubt auch an das Gute und Edle in dem Menschen, eine Entwickelung zum Bessern, trotz jener, und findet eine harmonische Lösung für alles, gleichviel, ob ihre Menschen untergehen oder siegen in dem Kampf mit sich selbst oder dem Geschick. M. von Eschen denkt über die schwierigsten Fragen und Probleme und pflegt mit dem unerschrockenen Muthe der Wahrheit und unerbittlichen Logik ihre Schlüsse zu ziehen. Sie hat sich eine umfassende Bildung, gründliche Kenntnisse erworben und darf sich ihre Vorwürfe auf weiterem Gebiet suchen, wie es die gewöhnliche Tageslitteratur mit sich bringt. Vor allem aber kennt M. von Eschen den Menschen, auch die Menschen. Sie ist eine tüchtige Psychologin, geschickt im Lösen seelischer Probleme, in der Zeichnung von Charakteren, welche von dem ersten Moment bis zum Schluß in naturgemäßem Zusammenhang mit ihrem Auftreten, ihren Handlungen und ihrem Geschick stehen. M. v. Eschen pflegt ihre Schöpfungen fein und gründlich durchzuarbeiten; die Farbe der Leidenschaft, der Ton der poetischen Begeisterung steht ihr ebenso zu Gebote, wie der schlichte eines einfach innigen Gemüthes und Herzens, auch ein köstlich heiterer, gesunder Humor spielt nebenher. Sie erzählt gut und immer anregend, schildert treffend. Der Stil schmiegt sich seinem Inhalt an, ist je nachdem ernst und tief, reich und warm, einfach und schlicht, aber auch köstlich launig und in gutem Sinn pikant, immer aber fließend und gewandt.

Diese vielseitige Anlage ihrer reichen Natur und ihres schönen Talentes haben M. von Eschen befähigt, für Jung und Alt zu schreiben, sowohl auf dem Felde der Belletristik, als auch des Essais wissenschaftlichen Inhalts. Und es ist erstaunlich, mit welch feiner, sicherer Hand sie die unverrückbare Grenze nach Inhalt und Form einzuhalten versteht, je nachdem sie sich in ihren Schöpfungen an ein reifes Publikum, die reifende Jugend wendet, oder auch mit dem jüngsten unserer Kleinen nur kindlich heiter und harmlos, immer aber gemüthvoll plaudert.

Otto von Leixner hat ihr Streben anerkannt, indem er sie in seiner neuen Litteraturgeschichte (Leipzig, Spamer) zu den Schriftstellern einer edlen Unterhaltungslektüre zählt und sie mit Marie von

Ebner-Eschenbach auf gleiche Stufe stellt. Moritz Carriere hat sie zur Lösung der höchsten Probleme aufgefordert und rühmt ihr Kompositionstalent. Auch Andere haben das gethan und sie als Psychologin und Physiologin hervorgehoben.

Unter ihren Arbeiten erschienen zuerst pädagogische Aufsätze, betreffend Religionsunterricht, Unterricht in Sprachen, Bedeutung des Lehrers im modernen Staat, Fröbel pp., daran anschließend Aufsätze über humane Bestrebungen in pädagogischen und Familienblättern. Später, da sie das Unterrichten aufgab, hat sie sich auf das Gebiet der Belletristik besonders, daneben auf Kunst und Wissenschaft beschränkt. Von ihren Schriften für die Jugend sind neben Erzählungen in Herzblättchens Zeitvertreib (Glogau), Grüß Gott (Wien), Kindergartenlaube (Dresden), Musikalische Jugendpost (Stuttgart), Hausmütterchen (Berlin), in Buchform erschienen:

Kinderleben (Gotha 1887). Hier tritt uns ein Stück wirklichen Kinderlebens entgegen, welches in den anmuthig erfundenen Erzählungen und deren mit prächtiger Naturwahrheit gezeichneten kleinen Helden und ihren Erlebnissen der jungen Leserwelt vorgeführt wird. Auch vom pädagogischem Standpunkt aus kann man das Buch als mustergiltig empfehlen. Die glückliche Gabe, welche M. von Eschen eigen, ihre gesunden Lebensanschauungen in fesselnde Form zu kleiden, auf Geist und Gemüth anregend, erheiternd und bildend zu wirken, macht sich auch in diesen Erzählungen geltend. Die Darstellung ist frisch und warm, mit köstlichem Humor gemischt, der Stil gut, knapp, leicht und fließend. Es ist so recht ein lieber Freund der Kinderwelt. In dem Werke: Pension und Leben (Frankfurt), Erzählung für junge Mädchen, schreibt die Verfasserin für ein vorgerücktes Alter von 15—17 Jahren eine sehr lehrreiche Geschichte. Frisch, lebendig, mit gutem Humor wird das Leben in einem Mädchenpensionat geschildert und in diesem als Heldin die Tochter reicher Eltern, welche das Leben nur von der glänzenden, der Genußseite auffaßt und mit der Wirklichkeit dann in tiefe Konflikte kommt. Kein pedantisch belehrender Ton verdirbt den Genuß des Buches, eine gesunde Weltanschauung macht es liebenswerth und erquickend. Es ist das Werk einer begabten und ernst strebenden Schriftstellerin und ist besonders der Frauenwelt zum Lesen zu empfehlen.

Verschiedene Novellen von M. von Eschen sind in Schorers Familienblatt, Illustr. Frauenzeitung, Schlesische Zeitung, Kölnische Zeitung, Allgemeine Frauenzeitung, Allgemeine Westdeutsche Zeitung u. s. w. erschienen. In Buchform kamen heraus:

Meines Lebens Roman (Breslau 1886). In diesem hoch-interessanten Werke hat die Verfasserin das Problem zu lösen sich bestrebt, wie die Arbeit, ein Beruf, die Frau nicht in ihrem Wesen schädigt, vielmehr geistig und sittlich kräftigt gegen jede Gefahr, welche gerade ein Heraustreten in die Oeffentlichkeit mit sich bringt, jede Gefahr, welche die eigene Leidenschaft heraufbeschwören kann; fähig macht, alle Hindernisse und Gefahren zu überwinden, sich selbst treu zu bleiben, auch dann, wenn das eigene Herzensglück versagt ist, im Dienst des Allgemeinen, als ein nützliches Glied der Gesellschaft, Ruhe und Frieden, auch Freuden und Glück zu finden. Die Handlung ist spannend, die Entwickelung der Heldin ist mit psychologischer Meisterschaft wiedergegeben, auch die übrigen Charaktere sowohl die der Künstler, als diejenigen aus der Gesellschaft, sind gelungen. Als ein besonderes Verdienst, rühmt Otto von Leixner, seien das Streben nach rein deutschem und kennzeichnendem Ausdruck hervorgehoben und die Flucht vor den schönen Wendungen, welche so viele Frauenromane ungenießbar machen.

Der dreibändige Roman Im Kampf (Berlin 1880) schildert den Kampf zwischen einer idealen, geistigen Weltanschauung und dem Materialismus mit seinem Gefolge von Egoismus und Genußsucht. M. von Eschen beweist darin, um mit M. Carriere zu urtheilen, ein gutes Compositionstalent, einen auf die Ideale des Lebens, wie auf das Treiben der Welt gerichteten Sinn. Im Kampf nicht nur um die Gegensätze der Aristokratie, der Geburt und des Geldes, der Natur und der Kunst, sondern vornehmlich auch der Lebensansichten, bewegen wir uns im Hinblick auf die Versöhnung, die am Ende durch sittliche Kraft edler, sich läuternder Persönlichkeiten gewonnen wird, während die sinnlichen, selbstsüchtig schwankenden Gestalten zu Grunde gehen. Es ist ein vorzügliches Buch, des Lesens und Behaltens werth.

In dem jüngst erschienenen Roman: Zwei reiche Frauen (Berlin) behandelt die Verfasserin die Geldheirathen und deren unglückseligen Einfluß auf das Familienleben und die Gesellschaft.

7

Aeußerst lebendig wird hier geschildert, wie die Familie, der Mann neben einer Frau, die ihn nicht liebt, verfällt; wie andererseits gerade das Beste seiner Natur oft den Mann von einer Frau vertreiben kann, die er nur des Geldes wegen geheirathet hat, die ihn immer an diesen schmählichen Handel mit seinem bessern Selbst erinnert und die Flucht ins Verderben beschleunigt, wie die Liebe, in der Natur begründet, sich nicht unterdrücken läßt, und nur eine echte Liebe, eine Ehe, auf diese gegründet, dem Begriff der Ehe entspricht und das wahre Herzensglück giebt.

Zum Schluß ist noch der Meinung vorzubeugen, als ob M. von Eschen eine nur moralisirende oder Tendenzschriftstellerin wäre. Eine Idee liegt wohl meist ihren Erzählungen zu Grunde, nicht mehr. Die Ethik gehört auch ihr zur Aesthetik allerdings, doch für den Dichter existiren, als lebens= und kunstberechtigt, nur Gestalten. Auch ist sie nicht eine sauertöpfische, moralisirende Predigerin: sie liebt die Natur, das Schöne, das Glück und die Freude. Mögen ihr diese in steter Frische erhalten bleiben!

***

Jeanne Marie von Gayette-Georgens.

Jedes Menschenleben, insbesondere das des Künstlers und Dichters, ist durch specielle Einflüsse und Einwirkungen bedingt und in bestimmte Richtungen gebracht, und diesen Einwirkungen nachzugehen, soll die nächste Aufgabe eines Biographen sein. Nur der aber vermag dieser Aufgabe gerecht zu werden, dem die authentischen Mittheilungen des Dichters zu Gebote standen, der also die Quelle kennt, aus denen das vom Autor Geschaffene hervorgegangen ist.

Ihre ersten zehn Lebensjahre verbrachte die Dichterin (geboren am 11. Oktober 1817 in Colberg) am Ostseestrande als spielendes und lernendes Kind, wie sie es im ersten Gesange ihrer „Oceana" geschildert, in glückseliger, zwangloser Freiheit und legte damit den Grund zu einer festen Gesundheit, die sie allen späteren ihr reich zugemessenen Kämpfen hat kräftig Widerstand leisten lassen. Schon sehr früh hatte sie selbständig über ihre Zukunft zu entscheiden, ob sie ihre Eltern in das schöne Rheinland begleiten wolle, als ihr Vater als Major von Colberg nach Minden, von dort nach Koblenz versetzt und so immer weiter mit der Familie von seinem dritten Kinde getrennt wurde, das man als hoffnungslos siech der Großeltern Fürsorge übergeben, und das unter ihrer Obhut erstarkte und zu einem munteren Wildling heranwuchs. Als die kleine Fünfjährige bei der Eltern Besuch in Pillau sich dahin erklären sollte, ob sie mit nach Koblenz oder hier bleiben wolle, entschied sie sich mit echtem Heimats- und Dankbarkeitsgefühl für das letztere. Somit war der Würfel für ihr ganzes späteres Leben gefallen. Hier bleiben! hieß zugleich frei bleiben und, wie seither, in phantasievoller Ungebundenheit die Flügel regen, denn das Kind hatte mit der technischen Fähigkeit des Schreibens auch die Darstellung seiner Gedanken gewonnen.

Die erste Persönlichkeit, welche als männliche Heldengestalt die Phantasie des Kindes befruchtete, war ein zur Zeit in Festungshaft Gebannter, Graf Gebhardt Blücher, um dessen jugendlich schöne Erscheinung sich für das Kind ein Sagenkreis wob. Der Graf besuchte oft das Haus der Großeltern und plauderte und briefstellerte deutsch und englisch mit dem derzeitigen Kinde, das zuerst ein Lustspiel versuchte, wozu Gellerts Fabeln die Unterlage boten, in welche die poetisch ritterliche Gestalt des Grafen, der hier in Gefangenschaft schmachtete, und für dessen Lossprechung das Dichterherz des kleinen Mädchens stürmisch pochte, eingerahmt wurde.

Als elfjähriges Kind wurde Marie dem Elternhause und sieben Geschwistern zugeführt. Der Vater kam ihr und den sie begleitenden Großeltern bis Marienburg entgegen, wo die Kleine ihre erste Gesangprobe in einem Liede aus der Oper „Fanchon" und dem von Caraffa in Musik gesetzten Monolog aus der Maria Stuart dem damit überraschten Vater vorzutragen hatte. Ihr weiteres Leben in Breslau als heranwachsendes Mädchen ist in dem zweiten Gesange der „Oceana" geschildert. Nach der Confirmation kam das sechzehnjährige Mädchen aufs Land zu Freunden des Hauses, und hier erschloß sich ein Zauberkreis von Liebe und Poesie für die beanlagte Dichterin. Durch Baron von Strachwitz, dem Majoratsherrn auf Braschewitz, und dessen Gemahlin, eine Geborene von Bismarck, beide ungewöhnlich interessante und geistreiche Menschen, wurde sie in die klassische Litteratur und Musik eingeführt, vornehmlich zunächst mit Jean Paul bekannt gemacht, nach dessen Pseudonym sie später das ihre „Jeanne Marie" wählte, wie nach dessen Erziehungslehre Levana ihren akademischen Taufnamen.

Das Strachwitz'sche Haus war ein sehr gastfreies, und in enthusiastischer
Verehrung für die Kunst, die hier gepflegt wurde, verlebte das zur
Jungfrau erblühte Mädchen die Rosen= und Liebeszeit ihres jungen
Lebens. Die Liebe zog in ihr Herz auf den Schwingen des Gesanges
von den Lippen eines seltenen idealen Menschen und unübertroffenen
Sängers. Mit der „Adelaide" von Beethoven, dem „Bild der Rose",
den Arien des „Mar" aus dem Freischütz erbaute sich der Sänge
Baron von Lüttwitz, der Herausgeber des jüngst von ihm erschienenen
Werkes: „Vater, Sohn und Enkel aus dem Hause Gorkau", einen heiligen
Tempel in dem Herzen der Dichterin, dessen Säulen noch heute, nach
fünfzig Jahren und einer ebenso langen Trennung nach dreijährigem
Verlöbniß unerschüttert sind. In Erinnerungen der Liebe, Lust und
Leid entstand der Roman „Elisenhof". — Die erste litterarische Autorität,
die der jungen Schriftstellerin begegnete und guten Rath gab, war Fürst
Pückler=Muskau, der nach Hirschberg, dem Asyl der pensionirten Generale,
zu denen damals auch ihr Vater gehörte, gekommen war, um sich in
Schlesien anzukaufen. Die „Briefe des Verstorbenen" waren bereits
in Mariens Hause gelesen, und die Begierde der Schriftstellerin, den
berühmten Reisenden persönlich kennen zu lernen, wurde durch ein zu=
fälliges Zusammentreffen in der Leihbibliothek befriedigt, wo der Fürst
nach Frauenlektüre verlangte, und Marie ihm den eben erschienenen
„Sigismund Forster" von Gräfin Hahn empfahl und sich, nachdem er
noch bemerkte, für die Verfasserin der „Faustine" keine Sympathie zu
haben, entfernte. Eine Stunde später erhielt sie ein Billet von dem
Fürsten, in welchem er Marien für die Perfidie, ihm den in diesem
Falle interessantesten Roman nicht genannt zu haben, die Strafe dik=
tirte, ihm selbst das Buch, da es in der Leihbibliothek verliehen sei,
zu schicken, was denn auch ihrerseits mit einem begleitenden Brief, dem
ersten an eine so bedeutende litterarische Persönlichkeit, geschah. Der
Fürst besuchte hierauf die Familie Ganette=Georgens und verweilte,
wie es schien, mit Interesse daselbst. Der Rath, welchen er der Ver=
fasserin nach der Lektüre von „Elisenhof" gab, war: nie alles bis zur
letzten Instanz zu berichten, sondern immer noch etwas dem Leser am
Schluß eines Buches zu vermuthen und erwarten zu lassen.

Nachdem nun der erste Schritt 1844 auf der litterarischen Lauf=
bahn nicht ohne Erfolg gethan war, arbeitete die Phantasie, durch die

Feder verdolmetschet, in wachsender Regsamkeit weiter, und es drängte sich Werk auf Werk. und somit wurde auch eine nicht unbedeutende Einnahme für die Reisekasse gewonnen. Der erste selbständige Ausflug führte die junge Schriftstellerin zur Buchhändlermesse nach Leipzig, wohin sie ihre zweite Novelle — die erste „Hermione", bereits die Frauenfrage berührend, war eben in der Leipziger Novellenzeitung von J. J. Weber erschienen — an Herloßsohn, den damaligen Herausgeber des Taschenbuches „Vergißmeinnicht", sandte. Herloßsohn war so über- rascht von dem Inhalt der Novelle „Vinzenze", daß er die Verfasserin derselben zu seiner Erbin und Nachfolgerin bei der Herausgabe des Taschenbuches machte, das sie denn auch, da Herloßsohn bald darauf starb, in drei Jahresfolgen mit den Novellen „Klaudin", „Abhängig und frei" und „Zwei Sommersonntage" erscheinen ließ und das die Herausgeberin veranlaßte, an Gustav zu Putlitz, dessen „Redender Wald" soeben erschienen war, die Bitte zu richten, sein Portrait und ein Märchen mit dem Titel „Vergißmeinnicht" dem Taschenbuch zu- zuwenden.

Der Dichter erfüllte den Wunsch, und es entspann sich dabei ein ergiebiger Briefwechsel, dem eine persönliche Bekanntschaft in Berlin folgte. Der Dichterin Absicht, für das Theater zu schreiben — zwei Lustspiele hatte sie bereits an Karl von Holtei zur Prüfung gesandt — trat er entschieden entgegen und warnte sie vor den vielen Intriguen, mit denen sie dabei bedroht sein würde. Dagegen regte Professor Philippi, den sie in Leipzig kennen lernte, sie dazu an, einen historischen Roman zu schreiben, indem er als Stoff die Revolution von Neapel vorschlug und ihr die Geschichte Italiens von Coletta zur Unterlage dafür gab. In Folge dessen entstand der Roman „Luigia Sanfelice", drei Bände, wozu sie in Dresden unter Anleitung von Professor Schulz, dem so- genannten „Kunstschulz" in dem Museum Canovas Werke studirte.

In „Luigia Sanfelice" werden drei Frauen in der Politik, wie in „Elisenhof" drei in der Ehe geschildert. — Durch Gustav Kühne und Gutzkow wurde Marie von Gayette-Georgens in die Journalistik ein- geführt, und neben den vielen, die Frauenfrage nach allen Richtungen hin ventilirenden Novellen schrieb sie für Zeitungen: für die Sonntags- beilage der „Vossischen" unter Hermann Kletkes Redaktion, für die „Neue Freie Presse", den „Wanderer", die Theaterzeitung von Morländer,

die „Wiener Elegante" und andere österreichische Blätter während ihres
neunjährigen Aufenthalts als verheirathete Frau und in Verbindung mit
ihrem Mann Begründerin einer Erziehungsanstalt auf Schloß Liesing
bei Wien, die durch die Genialität ihres Gatten, des Pädagogen
J. D. Georgens nicht nur Pädagogen von Fach, auch Künstler, Maler,
Bildhauer und Komponisten zur Bildung und Erziehung von geistes-
schwachen Kindern in der Anstalt „Levana" vereinigte.

In Folge dieser Gründung wurden die Gatten durch den damaligen
Präsidenten der Leopoldina Carolina, Nees von Esenbeck, zu Ehren-
Mitgliedern der Akademie ernannt, sie mit dem freigewählten akademischen
Taufnamen Levana, er unter dem Doppelnamen Pestalozzi-Fröbel,
wozu er als Reformator der Beschäftigungsmittel für Erziehung und
Unterricht auf Grundlage der Kunst vollberechtigt war. Sie hatten
zwei dem Fürsten Esterhazy zugehörige und fürstlich eingerichtete
Schlösser mit großen Sälen für Spiel- und Schlafzimmer, Werkstätten
aller Art und Kunstateliers eingerichtet, und Frau von Gayette-Georgens
arbeitete seitdem mehr nach der speciell pädagogischen Richtung, komponirte viele Spiele, namentlich Singspiele und widmete sich überhaupt
der schwierigen Erziehungsaufgabe Geistesschwacher und Idioten.

Die Bekanntschaft ihres Mannes machte sie in Schlesien, wohin
er in pädagogisch-buchhändlerischen Zwecken von Süddeutschland gereist
war und im Verein mit dem Grafen Deym eine Erziehungskolonie
gegründet hatte. Der Krieg mit Italien und klerikale Eingriffe in die
protestantische Anstalt Levana bestimmten die Gatten, diese an den
Staat zu überlassen und nach der Schweiz überzusiedeln. Von dort
ging es nach Nürnberg, wo sich ein neuer Thätigkeitskreis in Verbindung mit der dortigen Kunstschule unter ihrer Leitung bildete;
schließlich nach Berlin, wo sie an der Seite ihres Mannes in gleichem
Sinne zwanzig Jahre hindurch gewirkt und sie gemeinsam in Richter's
und Spamer's Verlag viele große pädagogische Kunstwerke erscheinen
ließen, nachdem das Sternbilderbuch in Wien bereits bei Dittmarsch u.
Jamarski erschienen war.

In Berlin war es Frau von Gayette-Georgens möglich, durch
ihre Verbindungen mit Schriftstellern, Künstlern und Musikern ersten
Ranges eine Gesellschaft zu gründen, die unter dem Titel: die „artistisch-
litterarische" allen, die daran Theil nahmen, unvergeßlich ist. Von

ihren Gedichten kamen dort viele von einer Buska-Swoboda und ähnlichen zum Vortrag, und eins derselben wurde von Martin Roeder
als Melodrama in Musik gesetzt. Diesem Wirken blieb sie in Verbindung mit ihrem Gatten bis zu dem Jahr 1886 hingegeben, als ihn
ein Nervenleiden ergriff und sie nach Müritz an die See geschickt
wurden, von wo sie nach Doberan übersiedelten. Hier erlag ihr Gatte
seinen Leiden, und sie blieb an seinem Sterbebette als einsame Wittwe
zurück, denn auch ihr einziger Sohn wurde in demselben Jahre durch
einen plötzlichen Tod dahingerafft.

Während ihrer praktisch geselligen Thätigkeit in Berlin hatte sie
auf's neue begonnen, für die Bühne zu arbeiten, und es entstanden in
rascher Folge eine Reihe abendfüllender Dramen, von denen bereits
einige aufgeführt sind. In Nürnberg kam der Maximus Casus, ein
satyrisch-pädagogischer Roman, zur Ausführung, ebenso die „Die Tochter
des Philosophen“ und „Künstlers Lieben“, zwei Novellen in Versen,
und die „Oceana“. Auf ihrer Reise nach Polen zur Kriegszeit, nach
Italien und Tirol, noch vor ihrer Verheirathung, schrieb sie mit Unter-
brechungen die „Bilder am Wege“ in Hirschberg, später den Roman
„Sich selbst erobert“ und „Die Arbeit in allen Ständen“, bei welcher
sie durch das Dazwischenkommen von Georgens unterbrochen wurde,
und die in das mit ihm gemeinsam herausgegebene Journal „Der
Arbeiter auf dem social-pädagogischen Felde der Gegenwart“ überging.
In Berlin schrieb sie für „Ueber Land und Meer“ die Novelle „Aus
den Wassern“, in Dresden für dasselbe Journal „Die Egoisten“, in
Wien „Der kleine Prinz“. Für Spamer entstand in Berlin das
„Brevier der Conversation und gesellschaftlichen Unterhaltung“, für
Nicolai's Verlag „Der Geist des Schönen, eine praktische Aesthetik für
die gebildete Frauenwelt“. Für Philippi's Verlag kamen in Leipzig
zwei Dramen: „Die Familie“, und zwei Novellen für das Taschen-
buch „Epheu“: „Vom Tode zum Leben“ und „Alix Winter“. Für
Georg Lange's Taschenbuch „Cornelia“ in Darmstadt zwei Novellen
„Tonina“ und „Vornehm und edel“. Für den Verlag von Langer-
mann in Berlin „Die Frauen in Erwerb und Beruf“. „Maximus
Casus“ erschien in erster Auflage bei Ulrich Frank in Berlin. Bei
Kühtmann in Bremen erschien „Vom Baum der freien Erkenntniß“,
eine kritische Schrift. Kurz vor der Abreise nach Müritz wurde das

„Illustrirte Mädchenspielbuch" für den Verlag von Neufeld in Berlin
verfaßt, und während ihres seitherigen Aufenthalts in Doberan in
Dr. Oscar Schneider's Verlag in Leipzig zwei Jahrgänge der illustrirten
Monatsschrift „Im Hause", 1886—88. Von den Einaktern, die in
Berlin wiederholt zur Aufführung gelangten, seien hier nur erwähnt:
„Die beiden Cousinen", „Cösar's Hofmeister", „Der Blaustrumpf", „Die
Nachbarn", im „Brevier der Conversation" und in der Monatsschrift
„Im Hause" abgedruckt. Nachdem sie noch ein „Denkgut in Spruch-
gaben" unter dem Titel „Was Du thun und nicht thun sollst" ge-
schrieben hatte, siedelte sie 1890 nach Berlin über. Ihre sämmtlichen
Werke und Veröffentlichungen fanden eine wohlverdiente Aufnahme
und haben viel Segen gestiftet.

Außer den Beschäftigungen mit Schriftstellerei und Musik widmete
sie sich mit Lust künstlerischen Phantasie-Handarbeiten, von denen in
Doberan eine Reihe von Trachtenpuppen auf Karten im Visitenkarten-
format und ebenso von Frauen in Shakespeare'schen Dramen nach bekannten Bildern von ihr ausgeführt wurden, nachdem Arbeiten ähn-
licher Art — eine freie Erfindung aus Stoffen der verschiedensten Art
zu Bildern, Landschaften, Albumblättern rc. bereits der Londoner
Industrie-Ausstellung zugesandt wurden. — Das in lateinischer Sprache
abgefaßte Diplom der „Leopoldina Carolina" giebt den Mitgliedern
das Motto: „Nie müßig" auf den Lebensweg mit. Und wahrlich ein
reiches, thätiges Frauenleben liegt hier vor uns, bis ins hohe Alter
hinein stets geistig regsam, das Beste erstrebend zum Wohle der
Menschheit. —

***

Gottfried Ritter von Leitner.

Der Dichter, den wir hier vorführen, weilt seit kurzem nicht mehr
unter den Lebenden. Er war ein Veteran der deutschen Poeten, durch
seine gemüth- und ideenreichen Dichtungen den gebildeten Leserkreisen
Oesterreichs und Deutschlands rühmlichst bekannt und durch sein Kultur
förderndes Wirken in seinem engeren Vaterlande hochgeachtet.

Die Hauptstadt der schönen Steiermark war der Geburtsort Leitner's,
der hier am 18. November 1800 das Licht der Welt erblickte. In
früher Jugend verließ er jedoch seine Geburtsstadt Graz, da nach dem
Tode des Vaters die Mutter Leitner's und seiner zwei Brüder einen

Kameralanwalt des Schlosses Rothenfels bei Oberwölz in der oberen Steiermark ehelichte. Die prächtige Gegend und die romantische Lage des Schlosses verfehlten ihren Eindruck auf das junge Gemüth nicht. In dem Städtchen Oberwölz selbst erhielt der Knabe seine erste Ausbildung, später kam er nach Graz zu den Großeltern. Im Jahre 1809 war es, als er hier auch die große Franzoseninvasion mitmachte. Schon 1811 kam Leitner in das Gymnasium und 1813 in das zu Graz befindliche Convict, worin er sich der Leitung trefflicher Lehrer erfreute. Im Jahre 1818 wandte er sich den philosophischen Studien zu, studirte jedoch auch später die Rechte. Leitner wollte anfänglich den Lehrstand zu seinem Berufe erwählen, allein geringe Aussichten boten sich auf diesem, damals meist nur Geistlichen zugänglichen Gebiete. Inzwischen lernte er, besonders auf Besuchen bei seinem Stiefvater, die schönsten Gegenden seiner engeren Heimath kennen und die Geschichte derselben verstehen und würdigen. Obwohl er 1825 eine provisorische Lehrstelle am Gymnasium in Cilli versah, verließ er dieselbe doch bald und kehrte nach Graz zurück, wo er 1826 in die Dienste der Landstände Steiermarks trat. Einige Jahre später erhielt der Dichter Johann Gabriel Seidl eine Lehrstelle am Cillier Gymnasium. Die beiden Dichter sahen sich damals nicht zum ersten Male, denn Leitner lernte Seidl schon mehrere Jahre früher als Student in Wien kennen. Neidlos drückte Leitner die Hand des Dichters der „Bifolien", der freilich noch nicht den Namen errungen hatte, welcher ihm später zu Theil ward. Seidl hat später dem Sagensammler des Landes wichtige Beiträge geliefert und sowohl in wohllautenden Versen als auch in ungebundener Rede die Mythen dargestellt, welche er in ganz Steiermark dem Volke abgelauscht.

Inzwischen hatte Erzherzog Johann seine Aufmerksamkeit auf den begabten Dichter Leitner gelenkt und diesem bei dem Archive des Johanneums eine Anstellung gegeben, später wurde Leitner Mitglied der steiermärkischen Ständeversammlung und 1836 Ständesekretär. Er verwaltete mit musterhafter Pünktlichkeit und Gewissenhaftigkeit seine Stelle als Ständesekretär bis 1864, wo er seiner schwachen Gesundheit wegen in den Ruhestand trat. Noch ist zu erwähnen, daß Leitner 1846 sich mit derselben Frau vermählt hatte, deren Andenken die zweite Auflage seiner Gedichte mit tiefempfundenen Widmungsstrophen zugeeignet

ist, und die in demselben Jahre starb, in welchem der Dichter in den
Ruhestand trat, sowie daß ihn öfter Reisen durch Deutschland, die
Schweiz, durch Belgien und England, sowie durch die österreichischen
Provinzen Land und Leute auch außer seiner engeren Heimath kennen
lernen ließen, endlich daß ihn Erzherzog Johann 1858 mit dem Ehren=
amte eines Kurators des Johanneums in Graz betraut hatte.

Leitner hing stets mit einer schwärmerischen Liebe an seiner Heimath
Steiermark; ihr hatte er wie sein ganzes Leben so auch sein Dichten
und seine litterarische Arbeit gewidmet, für ihr Emporkommen, für die
Hebung jedes hervorragenden Institutes in Steiermark suchte er alles
zu thun, was in seinen Kräften lag. So half er den unter dem
Protektorate des Erzherzogs Johann erstandenen historischen Verein für
Inner=Oesterreich mitbegründen, war Ausschußmitglied des seiner Zeit
nicht wenig berühmten Lesevereins am Johanneum und führte, in
Verbindung mit mehreren anderen Gelehrten, die Redaktion der
„Steiermärkischen Zeitschrift", jener vortrefflich geleiteten periodischen
Hefte, in denen Leitner selbst auch mehrere historisch=topographische
Arbeiten, welche Steiermark betreffen, veröffentlichte, wie „Die Seen
bei Aussee", „Die Heimführung der Herzogin Maria von Bayern durch
den Erbherzog Karl in Grätz", „Ueber den Einfluß der Landstände
auf die Bildung in Steiermark", Aufsätze, welche er 1830—35 schrieb.
Sein fortgesetzter Verkehr mit dem Erzherzog Johann und das Ver=
trauen, welches der edle Prinz in Leitner setzte und er hauptsächlich
durch die Mittheilung seiner Korrespondenz und seiner reichen Memoiren
an Leitner bethätigte, waren die Veranlassung, daß dieser auch jene
gewissenhafte und genaue Biographie: „Johann Baptist, Erzherzog von
Oesterreich" verfaßte, welche, wohl die umfangreichste historische Arbeit
Leitner's, in der 1880 zu Graz erschienenen Druckschrift: „Ein treues
Bild des Herzogthums Steiermark" veröffentlicht wurde. Vielfach
boten ihm auch die Sage und Geschichte Steiermarks die Vorwürfe zu
den schönsten seiner Lieder und Balladen, und Leitner hatte nicht wenig
dazu beigetragen, daß seiner Zeit diese heimischen Stoffe auch in Deutsch=
land Anklang fanden und Steiermark bekannter machten, als es bis
dahin gewesen.

So wenig zahlreich Leitner's Produktion selbständiger poetischer
Werke bei den vielfachen Geschäftsführungen sein konnte, so zollten

denselben doch die vorzüglichsten Litteraturhistoriker Deutschlands stets
die ehrenvollste Anerkennung, so Kehrein, Brümmer, Goedeke, Wurz=
bach, Jg. Hub, H. Kurz u. a. „Producirt", wie man sich heutzutage
ausdrückt, hat Leitner nicht viel. Das Beste, was er gedichtet, bot er
25 Jahr alt, in einem mäßig starken Büchlein, das 1825 bei Gollinger
in Wien erschien, dem Publikum dar. Das Büchlein wurde damals
wenig beachtet. Erst als die zweite Auflage dieser Gedichte 1857 in
Hannover erschien, fand man auch in Deutschland die Goldkörner der
Poesie darin. Leitner wurde nun weithin bekannt, seine Balladen
wurden als mustergiltig anerkannt. Es ist weniger bekannt, daß Leitner
auch Novellen veröffentlichte, die in der für das Litteraturleben Oester=
reichs in den Zwanzigerjahren so wichtigen „Wiener Zeitschrift für
Kunst und Litteratur ꝛc." (1820—30), in der Theaterzeitung, in
Hormayr's Archiv und in einigen Taschenbüchern erschienen waren.
Eine Sammlung, die schon 1827 projektirt war, verhinderte die Censur
an die Oeffentlichkeit zu treten. Leider hatte sich Leitner hierdurch
abschrecken lassen, seine Novellen überhaupt wieder zu publiciren. Erst
das 1881 erschienene Buch „Novellen und Gedichte" enthält einige
dieser hübschen novellistischen Schöpfungen. Die hier dargebotenen Er=
zählungen zeichnen sich aus durch unterhaltende Mannigfaltigkeit der
Stoffe, sowie durch glückliche Behandlung derselben.

Zwei Bände Poesien sind von ihm erschienen: die „Gedichte"
(2. verm. Aufl. 1857) und die „Herbstblumen" (Stuttgart 1870): sie
enthalten die schönsten Blüthen lyrisch=epischer Dichtkunst, die auf dem
Boden Oesterreichs entsprossen. Man hat Leitner den österreichischen
Uhland genannt, das läßt sich auch bis in's Einzelne nachweisen. Die
heimischen Sagen hat er in schönem dichterischen Gewande bearbeitet.
Seine Lieder sind einfach, zart und innig. Sie lassen uns tief in das
Gemüth des Dichters blicken, der durch eine so lange Reihe von Jahren
viel Großes, aber auch viel Trauer und Bitterkeit an sich vorüber=
ziehen gesehen, dem vieles nicht geworden, was er sich erwünscht und
verdient hätte.

1870 hat man des Dichters siebzigsten Geburtstag gefeiert; von
seinem Kaiser und seinen Mitbürgern wurde er geehrt. Am 18. Nov. 1880
wurde Leitner's achtzigster Geburtstag in seiner Vaterstadt festlich be=
gangen, und aus diesem Anlasse veranstaltete man im Landestheater

eine Abendfeier, die Grazer Universität verlieh ihm das Ehrendoktorat der Philosophie, und der steiermärkische Landesausschuß, der Gemeinderath der Stadt Graz und mehrere andere Körperschaften beehrten ihn mit Glückwunsch-Adressen.

Johannes Andreas Freiherr von Wagner (Johannes Renatus).

Johannes Andreas Freiherr von Wagner ward 1833 in Freiberg (Königreich Sachsen) geboren. Nach erhaltener Gymnasialbilduug studirte er in der Königlichen Polytechnischen Schule zu Dresden Ingenieurwissenschaften und trat hiernach in den sächsischen Staats= dienst. Von seiner 23jährigen Wirksamkeit hierin entfallen die letzten 14 Jahre auf die gesammte sächsische Oberlausitz, seinen Amtsbezirk. Hier erhielt er einen Ruf als Professor der herzoglichen technischen Hochschule zu Braunschweig. Nach langem Zögern nahm er ihn an und siedelte nach Braunschweig über. Als er daselbst ungefähr zwei Jahre gelehrt hatte, ward ihm eine Professur an der königl. preußischen technischen Hochschule zu Berlin angetragen. Er blieb jedoch in Braun= schweig und lehrte hier 7 Jahre lang. In Folge eines immer mehr zunehmenden hartnäckigen Nervenleidens (namentlich eines in den Kollegien hindernden nervösen Hustens), das durch den rapiden Rück= gang der ohnehin sehr schwach besuchten Hochschule nicht gebessert ward, gab er sein Lehramt auf und zog gern wieder zurück nach Sachsen, wo er gegenwärtig (in Dresden) noch weilt.

Vom Kaiser Wilhelm I. erhielt er den königl. preußischen Kronen= orden; vom Herzog Wilhelm von Braunschweig das Ritterkreuz vom Orden Heinrichs des Löwen. Auch ward ihm in Folge eifriger Thätig= keit in der Pflege verwundeter Krieger vom Kaiser die Medaille für Nichtkombattanten verliehen. Am 29. November 1892 erhielt er vom König Albert von Sachsen das Ritterkreuz 1. Klasse des Albrechts= ordens „für seine verdienstlichen litterarischen Schöpfungen".

Während seines Aufenthalts in der Oberlausitz nahm er trotz seiner ausgebreiteten Berufsarbeiten lebhaft Theil am öffentlichen Leben. Er war Hilfsgeschworener, 7 Jahre lang Schöffe im königl. Schöffen= gericht (nach dem früheren erweiterten Systeme), Vorstand des Central= verbandes sämmtlicher Oberlausitzer Gewerbevereine, Mitglied der natur=

forschenden Gesellschaft Isis, des landwirthschaftlichen Vereins, des sächsischen Ingenieurvereins, des Kirchenvorstandes, der Herberge zur Heimath, des evangelischen Jünglingsvereins. Gleichzeitig redigirte er mit großer Arbeitskraft 7 Jahre lang unentgeltlich das Oberlausitzer Gewerbeblatt, welches auf seine Anregung vom Bautzener Gewerbevereine herausgegeben und später zum Organ sämmtlicher sächsischer Gewerbevereine erhoben wurde. Um dieses Blatt auch durch Billigkeit namentlich in Handwerkerkreisen möglichst zu verbreiten, zu deren Hebung es dienen sollte, erlernte er die Holzschneidekunst. Mehr als 300 unentgeltlich gelieferte Holzschnitte von ihm sind in der genannten Zeitschrift enthalten. Sein Streben ging nicht allein dahin, dem einzelnen nach Leistung und Erwerb zu nützen, sondern auch: den „goldenen Boden" des Handwerks zu erhalten. Feind alten Zopfes, aber ebenso der ungezügelten Gewerbefreiheit, vertrat er die Beibehaltung der, allerdings reformbedürftigen, Innungen, eine bessere Regelung des Verhältnisses zwischen Arbeitgeber und -nehmer.

Ein gleiches Interesse widmete er der Landwirthschaft und Naturwissenschaft. Dies bekunden u. A. auch seine zahlreichen, meist zum Druck gelangten Vorträge über diese Gebiete.

In Folge so vielseitiger Thätigkeit gewann er allgemeines Vertrauen, das sich namentlich durch seine Erwählung zum Landtagsabgeordneten der sächsischen zweiten Kammer kund gab. Als solcher fungirte er (bis zu seiner Berufung nach Braunschweig) fünf Jahre lang, zugleich als Mitglied der Deputation für Petitionen und Beschwerden. Er gehörte der conservativen Fraktion an, wenngleich ihm die reaktionäre Starrheit einzelner zuwider war. Vor und nach seinem Wegzuge nach Braunschweig wurde er von fünf Vereinen zum Ehrenmitglied ernannt; von der naturforschenden Gesellschaft Isis zum korrespondirenden Mitgliede. Im engeren Beruf gab er sich zugleich der Verbesserung theoretischer Grundlagen hin, basirt auf eigene Beobachtungen am Rhein, an der Elbe, der Weser, der Spree u. s. w. Seine in verschiedenen Zeitschriften und Büchern niedergelegten Resultate fanden in den hervorragendsten Fachblättern und Vereinen allgemeinen Beifall. In Verbindung hiermit stehen auch seine zahlreichen Studienreisen in Sachsen, nach der Donau, Rheinpfalz, Unterrhein- und Moselgebiet, Süddeutschland, Schweiz, namentlich im Rheingebiete, Italien,

Ungarn, Illyrien, Nordsee- und Ostsee-Häfen, Elbgebiet im Riesengebirge, Harz, Thüringen u. s. w.

Seine schriftstellerische Thätigkeit erstreckt sich jedoch nicht allein
auf Fachwissenschaft, auf das Reale, sondern ebenso auf Dichtungen,
resp. belletristische Werke, von denen später die Rede sein wird. Die
durch Druck veröffentlichten fachwissenschaftlichen Arbeiten bestehen zunächst in längeren Abhandlungen über theoretische und praktische Gegenstände der Hydrotechnik, 18 an der Zahl. Hierzu gehören seine wissenschaftlichen Gutachten, welche er auf Wunsch des englischen Ingenieurvereins in London über das, die indischen Ganges-Kanäle betr. Werk
abgab: „Roorkee Hydraulic Experiments, by Capt. Allan Cunning-
ham". Ferner veröffentlichte er Abhandlungen über Volkswirthschaft-
liches in 9 Artikeln, Gewerbliches und Landwirthschaftliches in 11 Abhandlungen, Allgemeines, u. A. über den vierten deutschen Journalisten-
tag zu Wien, Geognostische Merkwürdigkeiten in der preußischen Oberlausitz u. s. w.

Sein 1881 in Braunschweig herausgegebenes Werk: „Hydrologische
Untersuchungen an der Weser, Elbe, dem Rhein und mehreren kleineren
Flüssen; ihre Anwendung auf die Praxis und Experimentaltheorie nebst
speciellen Mittheilungen über neuere Instrumente. Mit 8 lithograph.
Doppeltafeln und 12 Holzschnitten" ist für die praktische Hydraulik
von besonderem Werthe. Die Schrift bespricht in einem ersten Theile
die hauptsächlichsten der modernen zur Messung von Flußgeschwindig-
keiten dienenden Instrumente nach Konstruktion, Behandlungs- und
Gebrauchsweise und im zweiten Theile mehrere Gruppen von Ge-
schwindigkeitsmessungen, welche theils vom Verfasser selbst, theils von
anderen Hydrologen ausgeführt worden sind; in einem Anhange zum
zweiten Theile werden einige aphoristische Bemerkungen über Ver-
änderungen der Betten einiger deutscher Flüsse, über Wasserstände und
Wassermenge, sowie über die Tagesfrage der Abnahme der Wassermenge der Flüsse gemacht. Das Werk ist berufen, das Interesse eines
jeden Technikers überhaupt und jedes Hydrotekten insbesondere, in
hohem Grade in Anspruch zu nehmen. Die auf acht Tafeln gruppirten,
schön und korrekt gezeichneten 95 Figuren illustriren den Text, der die
Litteratur über die Bewegung des Wassers in Flüssen und Strömen
durch einen schätzbaren Beitrag bereichert.

Außerdem lieferte von Wagner noch den hydrotechnischen Theil zu: Illustr. Baulexikon, herausgegeben von Baurath Dr. Mothes (Leipzig, Spamer, 1874). Seine Broschüren: Erfolge von Fluß-regulirungen in Sachsen (Braunschweig, Wagner, 1878), Ueber die Noth-wendigkeit einheitlicher hydrologischer und metereologischer Forschungen in ganz Deutschland, Entwurf zu einem Gesetze über Benutzung fließen-der Gewässer (während einer Landtagsperiode durch das Präsidium zum Druck gelangt), Bautzen und seine Umgebung, Führer für Tech-niker, Industrielle, Geschichts- und Alterthumsfreunde, Geognosten, Botaniker, Touristen ec. — durch den sächsischen Ingenieur- und Architekten-Verein zum Abdruck gelangt — liefern den Beweis, daß er ein Meister in seiner Wissenschaft ist.

Während seiner nahezu dreißigjährigen, arbeitsreichen Wirksamkeit im Amtsberufe fand er nur selten Muße zu größeren Dichtungen und gesonderten, belletristischen Werken. Doch schon seine Gelegenheits-dichtungen, heiteren und ernsten Inhalts, erwarben ihm den allgemeinen Beifall seines weit ausgebreiteten Bekanntenkreises. Von im Buch-handel erschienenen Werken sind nur der 1. und 2. Band seines „Allerlee aus dr Äberlausiß" während des Fachberufes geschrieben worden; die übrigen nach seiner Rückkehr nach Sachsen. „Seine erste Geliebte", sagt hierzu der „Dresdner Anzeiger", „die Fachwissenschaft", hat er nach seiner Uebersiedlung nach Dresden fast ganz aufgegeben. Dagegen warf er sich mit desto größerem Eifer seiner zweiten Geliebten, der Belletristik, in die Arme; wie erfolgreich, haben wir vorher schon er-örtert. Möge der ebenso geistvolle und mit unverwüstlichem Humor begabte Schriftsteller auch noch fernerhin seine Feder emsig weiter-führen, uns zum Nutzen, sich selbst zur Ehre. —

Es ist wohl selten einem Schriftsteller gelungen, sich die Herzen der Leserwelt so im Sturme zu erobern, als von Wagner durch seine belletristischen Veröffentlichungen. Sein zuerst in dieser Gattung edirtes Werk: „Allerlee aus dr Aeberlausiß. Heiteres und Ernstes in oberlausißer Mundart, 5 Bände (der erste bis dritte Band, 5. Aufl. 1870—1886, sowie der 4. Band (1892) enthalten kleinere Geschichten, den 5. Band füllt: „Korle und Karlo, anne äberlausißer Geschichte aus'm Leb'n". Der 1., 2. und 4. Band mit vorzüglichen Illustrationen von Prof. Bürkner in Dresden) hatten einen ungeheuren

Erfolg nicht nur in Sachsen, sondern in ganz Deutschland. Das, wie alle seine belletristischen Schriften unter dem Pseudonym: Johannes Renatus herausgekommene Werk macht den Leser mit dem eigenthümlichen Zauber des Lausitzer Ländchens bekannt, führt in Erzählungen voll köstlichen Humors und packender Wahrheit die Poesie des Lausitzer Volkslebens vor und gewinnt die Herzen durch den geraden, gesunden Sinn und den wohlthuenden, tiefen Ernst, der sich hinter dem fröhlich lächelnden Gesichte verbirgt. Johannes Renatus kennt sein Lausitzer Völkchen wie kein Zweiter in der Welt. Ueberall trifft der Dichter den volksmäßigen Ton; den Dialekt behandelt er mit gründlicher Kenntniß und erkennbarem Sprachgefühl. Die Gestalten, die er geschildert hat, sind heute als Lausitzer Typen Gemeingut der Lausitzer geworden. Auch in seiner späteren Schriftstellerei blieb er gern auf heimischem Boden, ohne sich indes des heimischen Dialekts zu bedienen. Die herzliebe Lausitz mit ihren tannendunkeln Bergen, ihren grünen Thälern, ihren schilfumwogten Weihern, ihren fruchtbaren Feldern, ihren treuherzigen, sangeslustigen Bewohnern hat ihn ganz in ihren Zauber gezogen. Man kann wohl sagen, daß die Lausitzer Romane erheblich anziehender sind als die sonst von ihm geschriebenen, denn sie sind natürlicher und frischer. Renatus ist einmal kein Allerwelts-romanschreiber, dem es einerlei ist, woher er den Stoff nimmt und in seiner Romanfabrik zer — arbeitet. Außerhalb seiner geliebten Heimath würde sich Renatus ewig fremd fühlen. Auch sein zweites Werk: Lebensskizzen aus ernsten und heiteren Tagen (Dresden 1885), welches in hochdeutscher Sprache geschrieben ist, führt uns in die sächsische Oberlausitz. Es ist weder ein Roman noch eine Erzählung. Es sind wirkliche Skizzen, die uns einen Blick in das vor Jahrzehnten in den kleineren Städten der Oberlausitz herrschende Leben thun lassen. Das Christenthum, wie es uns hier entgegentritt, ist gesund, frisch und wahr, nicht dogmatisch, sondern innere Wahrheit. Der reizvolle, urkräftige Humor tritt auch hier wieder in unerschöpflicher Fülle zu Tage. Ein unsägliches Behagen überkommt den Leser bei diesem Buche, weil es eine durch und durch gesunde, ausgereifte Frucht des Geistes ist. Und welch' prächtige Schilderung von Land und Leuten! Welche kräftige und wahre Charakteristik sämmtlicher vorgeführter Persönlichkeiten! Die Lebensskizzen gehören zu den er-

freulichsten Erscheinungen auf diesem, von so vielen Unberufenen an-
gebauten Gebiete.

Nicht mehr der Volksdichter, der uns die wahrhaft ergötzlichen
Genrebilder des bürgerlichen Lebens in poetischer Verklärung vorführt,
tritt uns in: „Die letzten Mönche vom Oybin", eine Geschichte
aus dem sechzehnten Jahrhundert (Leipzig 1887), entgegen. Hier
steigt das tragisch-ernste Bild einer großen Vergangenheit vor uns auf,
wo geschichtliche Thaten den festen Bestand jahrhundertealter Ein-
richtungen erschüttern. Das Werk ist ein im großen Stile angelegter
historischer Roman, der, weil er auf wirklichen geschichtlichen Ereignissen
basirend, unter Benutzung vieler mühsam zusammengesuchter chronistischer
und weltgeschichtlicher Urkunden, geschrieben ist. Darin liegt ein besonderer Vorzug des Buches, der diesem einen geradezu wissenschaftlichen
Werth verleiht. Der Untergang des Oybinerklosters, das Ende seiner
letzten Mönche, der Charakter des Markus, dessen Liebe und Seelen-
kämpfe bieten eine solche Fülle hochtragischer Momente, daß das Ganze
einer großen Tragödie gleicht. Man kann es getrost mit Scheffels
Ekkehard in eine Reihe stellen. Niemand wird es aus der Hand legen,
ohne ihm reiche Unterhaltung, Befriedigung und Förderung zu verdanken.

In „Heidekraut und Centifolien" (Leipzig, 1888) bekundet
Renatus in prächtigster Weise seinen trefflichen mit tiefchristlichem
Ernste verbundenen Humor gleichfalls. Neben den Schilderungen der
Heide und ihrer Bewohner ist dem Verfasser auch die Charakterzeichnung
der an Rang, Stand und Bildung höher stehenden Persönlichkeiten,
der dem schlichten Heidekraut gegenübergestellten prächtigen Centifolien,
gelungen. Ein junger Mann, dessen Vater das Opfer seiner politischen
Verirrungen geworden ist, hat seinen akademischen Bildungsgang
unterbrochen und den Beruf eines Volksschullehrers ergreifen müssen.
Verbittert und ohne Erfahrung und Menschenkenntniß, aber voll von
dem Triebe, ein Helfer der Armen und Verwahrlosten zu werden,
schlägt derselbe die bessere und bequemere Stellung in einem reich-
gesegneten Dorfe aus und wählt dafür die in Lehrerkreisen gefürchtete
eines abgelegenen, verkommenen Heidedorfes. Was er hier in glühendem
Berufseifer als Lehrer der Kinder und als Förderer guter Gesinnung
und Sitte an den Erwachsenen thut, wird ihm in reichlichem Maße
zurückgegeben durch die Dankbarkeit und Hochachtung der Gemeinde,

8

vor allem aber durch den Einblick in das Innere seiner Umgebung. Unter oft grober und stachlicher Hülle zeigt sich ihm manch edler Kern; hinter der Derbheit und Ungeschlachtheit seiner Dörfler findet er oft eine Herzensgüte, die ihn geradezu beschämt. Und hier in der Heide, mitten in seiner einfachen, aber innerlich ihn mehr und mehr beglückenden Thätigkeit findet er auch die Blume seines Lebens. Karl Gerhardt gewinnt die Liebe und die Hand eines armen verwaisten Grafenkindes. Aber wie der Centifolie nur kurze Blüthezeit beschieden ist, so entblättert auch rasch das junge, reine Glück der Vereinigten. Die Erzählung klingt tiefernst aus. Die hervorragenden Gestalten derselben sind mit großer Liebe und Lebenswahrheit gezeichnet. Das Spannende der Handlung ist glücklich vermählt mit geistvollen, immer wieder von neuem fesselnden Reflexionen.

Wiederum das historische Gebiet berührt Renatus mit: „Rudolph von Vargula, der Schenk zu Saleck". Ein thüringer Lebensbild aus dem 13. Jahrhundert, (Leipzig, 1890). Der Held des historischen Romanes, zum größten Theil von Walther von der Vogelweide erzogen, wird als Knabe, Jüngling, Mann und Greis geschildert. Durch sein ganzes Leben geht das Streben „sich selbst zu bezwingen", wie ihn Walther gelehrt hat, in verschiedenster Weise. Seine Thaten unter den Landgrafen Heinrich I., Ludwig, Heinrich Raspe und dem Markgrafen Heinrich von Meißen bringen ihn zugleich mit den interessantesten weltgeschichtlichen Ereignissen in Verbindung. Anderntheils lehrt das Buch, daß das innere Selbstbezwingen viel schwerer ist, als Schlachten siegreich zu schlagen. Die Charakteristik der einzelnen Personen, besonders des Rudolph von Vargula, ist eine vorzüglich gelungene; Land und Leute, Sitten und Gebräuche des 13. Jahrhunderts, das Leben auf der Wartburg pp. gelangen in anschaulicher Weise zur Darstellung, eine Anzahl der schönsten Lieder Walthers von der Vogelweide sind in geschickter Weise in den Text hineinverwoben. Es ist ein echtes deutsches Volksbuch für Arm und Reich. Neben dem doppelten inneren Gewinne an gesunden christlichen Anschauungen und edler patriotischer Erhebung ist auch noch der äußere vielfacher kultur- und litterärgeschichtlicher Belehrungen für den Leser wichtig.

Schon lange vor dem Erscheinen der genannten Werke schrieb der Verfasser: „Die Geheilten. Erinnerungen an Elgersburg und

Ilmenau (Leipzig 1890)." Er beabsichtigte garnicht, sie herauszugeben, und erst auf Zureden seiner näheren Freunde ließ er sich zur Ver- öffentlichung bereit finden, doch wollte er das Opus zuvor noch einer Umarbeitung unterwerfen, aber das wurde ihm abgerathen, weil das Ganze dadurch an seiner Urwüchsigkeit vielleicht Einbuße hätte erleiden können. Renatus hat wohl daran gethan, diesen Rath zu befolgen. Ausgerüstet mit einem guten Theil von Poesie und frischem Humor, unternahm nun Johannes Renatus, als er diese Erinnerungen nieder- schrieb, im Geiste noch einmal den Ritt in das alte romantische Land der Hermunduren, das er vordem wegen eines bösen Gastes, eines Muskelrheumatismus, hatte aufsuchen müssen, den er auch in der Kalt- wasserheilanstalt zu Elgersburg glücklich los wurde. Daß ihn aber das kalte Wasser und der Umgang mit trefflichen Menschen auch von innerlichen, seelischen Krankheiten, als da sind: Mangel an Vertrauen, Muthlosigkeit, Grillenfängerei und Murren gegen das Schicksal, befreit hatte, beweisen genugsam diese Erzählung und überhaupt seine Werke.

Kein eigentlicher historischer Roman, sondern ein wirkliches Lebens- und Geschichtsbild aus der gewaltigen Reformationszeit ist der Graf von Wertheim (Leipzig, 1891). Graf Georg II. von Wertheim, ein regierender Herr, der sehr jung zu großer Macht und bedeutendem Einfluß gelangte, war einer der ersten und eifrigsten Anhänger Luthers und hat persönlichen Antheil genommen an den wichtigsten Ereignissen der großen Reformationszeit, am Reichstage zu Worms, am Bauern- kriege pp. Man gewinnt hier einen tiefen Einblick in die Schäden der katholischen Kirche, in die Verwerflichkeit ihrer Kampfesmittel, in die sittliche Korruption der Geistlichkeit. Aber auch das Frühlings- wehen jener großen Epoche, die die Eiskruste starrer Traditionen brach und neuem Leben Bahn machte, wird auf's glücklichste verdeutlicht, und die großen Männer jener Tage, Martin Luther selbst, der als wandernder Mönch den Samen des Heils in das Herz des Helden der Erzählung streut, der poetische Schuster Hans Sachs, Götz von Berlichingen, der edle Freiherr von Schwarzenberg und viele andere uns lieb und werth gewordene Gestalten treten redend und handelnd vor den Leser, ohne die Hauptgestalt, den frommen Grafen Georg, zu verdunkeln. Es lohnte sich gewiß, diesen Mann der Nachwelt zum Muster aufzustellen. „Der Graf von Wertheim" ist ein treffliches

Buch, belehrend, ohne trocken zu sein, unterhaltend ohne Oberflächlichkeit, ein rechtes evangelisches Haus- und Familienbuch.

Einem wirklichen Bedürfniß und Nothstande hat Renatus abgeholfen durch seine Deklamatorien für Jünglingsvereine (7. Aufl., bis 1890). Angesichts des Umstandes, daß man in den evangelischen Jünglingsvereinen Deutschlands das Komödienspiel fernhält, dafür aber den Vortrag von Deklamatorien pp. ausführt, hat der Verfasser unter dem Grundsatze, daß neben religiöser Förderung mit gleichem Rechte der Jugendfrohsinn bedacht werden muß, Deklamatorien (für 3—13 Personen) gedichtet, welche höchst humoristisch beginnen, aber stets auf sittlich-ernste Gedanken hinauslaufen. In gleicher Weise gab er unter Berücksichtigung des Umstandes, daß an wirklich guten Gelegenheitsdichtungen (Stoff zu Vorträgen, zur Unterhaltung für Familienabende oder Vereine pp.) fast absoluter Mangel herrscht, da das bisher Vorhandene in vielen trivial, wenn nicht noch schlimmer ist, Gesellige Stunden für Jung und Alt (Leipzig 1892), heraus. Das Buch bietet eine reiche Auswahl von Lustspielen, Deklamatorien, Texten zu lebenden Bildern, Polterabendvorträgen, Räthseln, Gesellschaftsspielen, die, sämmtlich eigene Dichtung, im Gebrauch erprobt sind und sich bewährt haben. Wie viele Familien, Vereine und Gesellschaften werden ihm für diese köstliche Gabe dankbar sein!

Es kann hier nicht die Rede sein von den äußerst zahlreichen Erzählungen, Humoresken und Gedichten, die Renatus in guten Kalendern und Zeitschriften veröffentlicht. Sie alle werden ihren Lesern manche frohe Stunde bereitet und sie über die mancherlei Misère des täglichen Lebens hinweggetröstet haben. Der Gesammteindruck, den wir von Wagners litterarischer Thätigkeit empfangen, ist der einer allseitigen Befriedigung. Nirgends in seinen Werken werden wir durch unchristliche und unkünstlerische Darstellung abgestoßen. Ueberall offenbart sich die ewig heitere Kunst, und selbst das ernste Gebiet der Wissenschaft und des sozialen Lebens weiß er poetisch zu erklären. Geistvoll und liebenswürdig ist er ein zweiter Jean Paul ohne dessen Fehler und Mängel, als Dialektiker steht er Fritz Reuter würdig zur Seite und verdient dieselbe weitgehende Anerkennung wie dieser, als Romanschriftsteller erinnert er an Scheffel, ohne dessen schwächlicher Nachahmer zu sein. Ihm gebührt ein Ehrenplatz unter

den christlichen Volksschriftstellern. Möge er auch noch im Herbste
seines Lebens in Lenzesfrische weiter schaffen, an Aufmunterung seitens
eines dankbaren Publikums und einer anerkennenden Kritik fehlts ihm
wahrlich nicht!

Friedrich Freiherr von Dincklage-Campe

wurde auf dem väterlichen Gute Campe an der Ems geboren am 25. Juli
1839 und ist der Bruder von Emmy von Dincklage, deren Biographie auch
über des Bruders Jugend Auskunft giebt. Bis zu seinem zehnten Jahre
blieb er unter hinzutretender Leitung von Hauslehrern im Elternhause, bis
er 1850 auf das Progymnasium zu Weener (Ostfriesland) kam. Von
1851 bis 1855 besuchte er das Gymnasium zu Bückeburg, wohin seine
Eltern gezogen waren, und trat 1855 in das Cadettenkorps. 1859
avancirte er zum Lieutenant. Während der alljährlichen Urlaubszeit
zu Campe kam der Lieutenant in Berührung mit den geistig bedeutenden
Menschen, die die Mutter um sich sammelte, und in denen auch die
Schwester Emmy, die bekannte Emslanddichterin, ihre Anregung fand.
Es seien von den Camper Sommergästen genannt: Beißle, Schücking,
Victor v. Strauß, Kohl, Mathilde Raven u. v. a. In diese Zeit fallen
seine ersten litterarischen Versuche — Reiseskizzen aus Holland 2c.
Während der Jahre 1863 und 1864 nahm er an der Okkupation von
Holstein Theil, machte den Feldzug von 1866 (als Hannoveraner) bei
Langensalza mit, trat 1867 in das preuß. 1. hannov. Dragoner-Regt.
Nr. 9, bei welchem er am Feldzug 1870/71 (beim 10. Armee-Corps)
theilnahm. Später wurde er zum 1. Garde-Ulanen-Regiment versetzt
und war als Regiments- und Brigade-Commandeur in Schlesien. Seit
1892 pensionirt, widmet er sich in seiner freien Zeit ganz seiner schriftstellerischen Thätigkeit, im Winter zu Berlin, im Sommer auf dem
heimischen Gute Campe lebend.

Freiherr von Dincklage ist Mitglied des Aufsichtsraths der Schrift-
stellergenossenschaft und Rechtsritter des Johanniter-Ordens. Selbstverständlich sind ihm als General eine Reihe von Auszeichnungen zu
Theil geworden.

Als Schriftsteller pflegt er weniger das Gebiet des Romans und
der Novelle. Er bearbeitet Essays, Skizzen, Biographien 2c. für die
Tages-, Wochen- und Monatsblätter. Schon seit zwei Jahren schreibt

er dauernd für die „Moderne Kunst" und „Zur guten Stunde" und zwar, abgesehen von Novellen und Humoresken, schreibt er über jagd= liche, sportliche und maritime Stoffe. Auch biographische Arbeiten brachten diese Blätter in einer längeren Reihe aus seiner Feder. Romane und novellistische Arbeiten von ihm erschienen, außer in den genannten Blättern, in „Ueber Land und Meer", „Daheim", „Illustrirte Frauen-Zeitung", „Romanwelt", „Vom Fels zum Meer", „Neueste Berliner Nachrichten", „Berliner Tageblatt" u. s. w.

Als Bücher erschienen seither: „Mausfallmarie" (Roman 1892) „In schwerer Bö" (Marineroman 1892), „Besiegte Sieger" (Kriegs= roman 1892), „Unter dem Schutze der Lanzen" (Novellen 1893), „Zehn Jahre in Gefangenschaft" (Novelle 1894), „Falsch gespielt" (Geschichte eines Seeoffiziers 1894), „Auf Posten" (Novellen 1894) und „Am Steuerrade" (Seenovellen 1894). Die beiden neuesten größeren Romane: „Erbadel" und „Baroneß Dr." beschäftigen sich mit sozialen Fragen. In Westermann's Monatsheften erschien von ihm eine größere Biographie mit Illustrationen über Drake. 1872 schrieb er die Geschichte der 2. Eskadron des 1. Hannover'schen Dragoner = Regimentes (im Feld= zuge 1870/71 und während der Okkupation). Von diesem Werke, das als Manuskript gedruckt wurde, übersandte er jedem ehemaligen Mit= gliede der Eskadron ein Exemplar. Noch ist zu erwähnen, daß im Jahrgange 1893/94 der „Modernen Kunst" unter dem Titel „Unsere Lieutenants" eine Darstellung des Offizierlebens (mit vortrefflichen Illustrationen von Becker) erschien.

Es sei uns noch gestattet, über die Künstlergeschichte „Mausfall= marie" (Glogau, Karl Flemming), womit er sich zuerst in den Buch= handel einführte, einige Worte zu sagen. Das Buch ist, wie alle Arbeiten Dincklage's, unter dem Pseudonym Hans Nagel von Brawe (b. i. der Name eines Seefahrers aus dem 17. Jahrhundert) erschienen. Erst seit er pensionirt wurde, lüftete er den Schleier der Pseudonymität. — Der Autor denkt und schreibt nicht hochmodern, aber es fehlen ihm dafür auch die Allüren des fin de siècle. Er sieht die Welt in einem erträumten, glänzenden Zustand. Seine Menschen sind Kombinationen von Ideal und Wirklichkeit, aber sie sind mit der Ueberzeugung des echten Talentes gezeichnet, und der Leser folgt dem Dichter gern in das Reich der Träume. Wie ein süßes Märchen, von Großmutter erzählt,

die Sinne der Kinder in wonnige Erregung versetzt, so erwacht bei
der Lektüre der „Mausfallmarie" in uns der Wunsch: „Wenn es doch
so wäre!" Dincklage, der sich in jeder Wendung als feingebildeter Poet
bekundet, fühlt seine Sonderstellung im Kreise der Modernen und verlegt deshalb seine Erzählung in die vierziger Jahre.

Der Dichter erzählt uns die Geschichte zweier armer Menschen, der
Mausfallmarie und des Drehorgelspielers Andrea Nicolini. Auf der
Landstraße lernen sie sich kennen. Gesang und Freude an der Natur
führen sie zusammen, und ohne den Segen der Kirche wandern sie beide
als Mann und Frau in die Welt.

Maries Eltern, der ansässig gewordene Mausfallenhändler Janosch
und seine derbe Ehehälfte, sind trostlos über den Verlust der Tochter.
Vergebens bemüht sich die Gönnerin des jungen Bauernmädchens, die
Gräfin Egolstein, den Aufenthaltsort der Beiden zu ermitteln. Endlich
taucht Marie in Hamburg als gefeierte Sängerin wieder auf. In einer
Matrosenschenke war sie entdeckt worden, und ein kunstsinniger Herr
hatte sie und Andrea, dessen Tenor gleichfalls aufgefallen war, ausbilden
lassen. Bald treibt ein ungebändigter Freiheitsdrang den Italiener in
die Ferne, er verläßt die Genossin seiner Fahrten, ohne sie zu seiner
legalen Gattin gemacht zu haben. Maries Stellung in Hamburg wird
nach dem Bekanntwerden ihres Verhältnisses zu Andrea unhaltbar. Sie
verläßt die Stadt, um in Berlin eine neue Heimath zu finden.
Andrea kehrt als bedeutender Sänger nach Europa zurück und die
Liebenden werden vereint. —

Andreas Charakter ist fein herausgearbeitet, er kann als typisch
für den Romanen gelten. Dincklage's Auffassung von der Liebe ist:
Wen sie erfaßt, dem bleibt sie dauernd und führt ihn zum Guten, sie
ist ihm der „ruhende Pol in der Erscheinungen Flucht."

Wenn ich nun den Dichter kurz zu charakterisiren versuche, so muß
ich, in Uebereinstimmung mit dem Kritiker Ferdinand Runkel, als seine
hervorstechendste Eigenschaft einen gesunden Optimismus bezeichnen.
Dincklage gewinnt dem Leben nur seine Lichtseiten ab. Trotzdem darf
man ihn keinen Romantiker, keinen Träumer nennen, im Gegentheil, er
ist ein Mann des Positiven. Das zeigt schon sein Stil. Klar und
durchsichtig fließt seine Rede dahin, frei von jedem besonderen Schmuck,
aber auch frei von Flüchtigkeiten, die man Stilblüthen nennt.

Ein Romanschreiber im eigentlichen Sinne des Wortes ist von Dincklage nicht, obwohl er nach dieser Richtung hin Ausgezeichnetes geleistet hat. Er giebt sich lieber in populärwissenschaftlichen Abhandlungen, die gegenüber dem vielen Hohlen und Halben, das die heutigen Zeitschriften und Tagesblätter bringen, von Werth und Bedeutung ist. Wir erwarten noch recht viel Gutes aus dem Schatze seines Wissens und seiner Erfahrungen.

Elisabeth Baronin von Droste-Hülshoff.

Die Nichte und das Pathenkind Anette Droste-Hülshoffs ist die Baronin Elisabeth von Droste-Hülshoff. Sie wurde am 1. Juli 1845 zu Hülshoff in Westfalen, dem Stammsitze der Familie, geboren und genoß von 1858 bis 1862 die Vollendung ihrer Erziehung und Studien im Kloster Du Sacré-Coeur zu Warendorf. Mit 17 Jahren trat sie in die Welt und in den Kreis ihrer Familie zurück. Eine kummervolle Zeit wartete ihrer hier. Am Krankenbett ihres jüngsten Bruders, der nach schwerem Leiden ein halbes Jahr später starb, reifte ihr Geist und gab ihr für immer eine vorwiegend ernste Richtung. Die häufige Pflege und Sorge um die Ihrigen nahm ihre meiste Zeit in Anspruch, und so kam es, daß sie dann viel später erst, als nach dem Tode ihrer Mutter, die sie viele Jahre hindurch mit unerschütterlicher Sorgfalt gepflegt hatte, eine Lücke in ihrem Leben entstanden war, dem Zureden eines Freundes nachgab und ihren ersten Versuch auf der Schriftstellerbahn mit dem Büchlein: Anna Morian, Paderborn 1887, wagte. Ihre Arbeiten für den bekannten Biographen Wilhelm Kreiten, der für sie die Biographie und Zusammenstellung der „Gesammten Werke Annettens von Droste-Hülshoff in fünf Bänden gefertigt, waren der Zeit beendet, indem die genannte Herausgabe von Seiten der Familie unter ihrem Namen geschehen war. Das Kreitensche Lebensbild Annettens bringt viel neues und interessantes Material. Wir lernen hier Annette nach allen Seiten ihres großen und edlen Charakters kennen.

Außer „Anna Morian" schrieb Elisabeth von Droste-Hülshoff viele kleine Erzählungen und Skizzen, von denen wir hier mit Auszeichnung die „Letzte Burggräfin von Stromberg", „Harzbilder" „Brautschuß" nennen. Sie zog dann von Münster nach München, wo sie als Stiftsdame im Gumppenberg=Stift lebt. Den letzten Winter brachte sie im schönen Süden zu.

In „Anna Morian" bekundet die Verfasserin, daß der Geist ihrer großen Verwandten in der Familie noch fortlebt. Wer nicht genau zusieht, könnte ja nach dem Titelblatt die vorliegende Novelle für irgend ein nachgelassenes Werk der großen westfälischen Dichterin halten. Es sind daher nicht gerade die geringsten Ansprüche, welche man an das Buch stellt, und wenn man es bis zu Ende durchliest und befriedigt aus der Hand legt, so dürfte diese Thatsache wohl am ent= schiedensten zu Gunsten der Erzählerin sprechen. Die Verfasserin bietet uns hier eine interessante Episode aus dem Leben Peters des Großen. Anna Morian war ein schönes, geistvolles Mädchen, in welches sich der Selbstherrscher aller Reußen verliebte, so daß er sie auf den Thron zu erheben gedachte. Anna war jedoch einem andern geneigt und ent= zog sich der drohenden Standeserhöhung, welche viele andere heiß er= sehnten, durch die Flucht nach Paris. Ihr Geliebter und dessen Freunde ermöglichten sie. Nach einigen Jahren besuchte Peter die französische Hauptstadt und bekam zufällig die Entflohene zu Gesicht. Er ließ sie sofort heimlich gefangen nehmen und in Schlüsselburg, wo auch seine erste Gemahlin mehrere Jahre geschmachtet, einkerkern. Lange saß sie hier, obgleich sich Peters zweite Gemahlin ernstlich für sie ver= wendete; ja, der gewaltthätige Zar, vor dessen Willen es kein Ent= rinnen gab, wollte sie sogar an einen rohen Menschen, welcher ihr tiefen Abscheu einflößte, verheirathen. Endlich aber fühlt der Zar Erbarmen, er schenkt ihr die Freiheit und gestattet ihre Verbindung mit dem geliebten Manne. Erzählt werden diese Begebenheiten von Paul Morian, dem jüngeren Bruder Annas.

Der Ton der Darstellung ist ein so schlichter, wie man ihn selten in novellistischen Erzeugnissen findet, aber er ist dem biederen, harmlosen Charakter des Erzählers vollständig angepaßt. Die Schilderung der Charaktere ist wohl gelungen. Anfänglich muthet die Darstellung etwas fremdartig an, dann aber fesselt sie in immer höherem Grade. Die Verfasserin arbeitet mit großem Ernste. Möchte sie in diesem Geiste uns noch recht viele Gaben ihrer Feder zu Theil werden lassen. Bei dem Seichten und Frivolen, das die heutige Roman=Litteratur zeitigt, wird das Verlangen nach guter ernster Lektüre immer dringender.

Valesca Gräfin Bethusy-Huc.

(Moritz von Reichenbach.)

Die weibliche litterarische Produktion hat in den letzten Jahrzehnten überhand genommen, aber die Männerwelt hat kein Recht, mit ironischem Achselzucken daran vorüberzugehen. Der Ausspruch, den Goethe einst gelegentlich einer Spazierfahrt zu Eckermann that: „Es giebt unter den deutschen Frauenzimmern geniale Wesen, die einen ganz vortrefflichen Styl schreiben, so daß sie sogar manche unserer gepriesenen Schriftsteller darin übertreffen“, hat bis auf die heutige Zeit Geltung. Fast die Hälfte guter, wirklich lesenswerther Romane und Novellen liefert die schriftstellernde Frauenwelt. Wem sind nicht aus früherer Zeit Namen wie Sophie Brentano, Amalie von Helwig, Luise Brachmann, Helmine von Chézy, Agnes Franz, Luise Hensel, Elisabeth Kulmann u. a. bekannt und lieb geworden? Soll ich an den bedeutenden Ruf erinnern, zu dem in Folge ihrer litterarischen Thätigkeit Ida Gräfin Hahn-Hahn, Ida von Düringsfeld, Adelheid von Stolterfoth, Annette von Droste-Hülshoff, Betty Paoli, Luise von Plönnies, Luise Aston, Luise Otto, Emma von Hallberg, Elise Schmidt, Henriette Paalzow, Bettina von Arnim, Luise Mühlbach, Luise von Gall, Ottilie Wildermuth, Elise Pollo, Fanny Lewald gelangt sind? Eine bedeutende Reihe von Namen, meist guten Klanges, würden wir nennen müssen, wollten wir in dieser Aufzählung fortfahren. Gerade den Frauen hat die schriftstellerische Thätigkeit manchen Vorwurf eingetragen, oft berechtigt, zumeist aber unberechtigt. Es ist hier nicht der Ort, die Berechtigung oder Haltlosigkeit solcher Vorwürfe nachzuweisen. Es wird das auch nur gelingen, wenn man über die häuslichen Verhältnisse der Betreffenden unterrichtet ist.

Auch unserer Autorin ist in letzter Zeit ab und zu Flüchtigkeit, Schnellschreiberei vorgeworfen. Wir müssen das auf das entschiedenste zurückweisen, denn aus einer sorgsamen Prüfung ihrer Werke geht hervor, daß, je länger sie schreibt, ihr Interesse für ihr Darstellungsgebiet der modernen Menschen desto lebhafter geworden ist, daß sie es von Jahr zu Jahr ernster mit ihrer Arbeit nimmt. Wer von den Kritikern freilich nun jährlich einen Band von der Gräfin Schriften in die Hand bekommt und sich oft garnicht die Mühe giebt, ihn zu lesen, denkt: eine Gräfin, die sich das Leben leicht machen und sich amüsiren kann, und die alljährlich noch so nebenbei einen Roman schreibt, muß oberflächlich sein und flüchtig arbeiten. Wo die Logik dieses Schlusses sitzt, weiß man nicht. Die Gräfin entkräftet solchen Vorwurf selber, wenn sie uns schreibt: „Könnte ich die betreffenden Herren einmal in meine friedliche Einsamkeit führen, so würden sie vielleicht verstehen, daß meine „Schreiberei" hier nicht nebenbei hingekritzelt wird, sondern daß die Arbeit als solche mir Bedürfniß ist, und ich Zeit und Muße habe, es damit ernst zu nehmen."

Von dem Lebensgang der Gräfin Valesca Bethusy-Huc ist hier zu erwähnen, daß sie am 15. Juni 1849 als Tochter des Freiherrn von Reisnitz-Kaderzin und Grabowska aus dem Hause Wendrin zu Kielbaszin bei Rosenberg in Oberschlesien geboren und somit unter polnischer Bevölkerung aufgewachsen ist. Ihre Jugendjahre verlebte sie in ungetrübten Verhältnissen. Später war sie zwei Jahre in Sagan, ein Jahr zu Berlin in Pension. Die Gräfin theilt uns selbst mit, daß sie „mit sieben Jahren ihre ersten Verse gemacht, mit acht Jahren Märchen geschrieben und in der Pension einige größere Dichtungen verbrochen, über die sie später oft gelacht habe". Die sie umgebenden äußeren Umstände waren nicht dazu angethan, sie in besonderer Weise geistig anzuregen. 1869 verheirathete sie sich mit dem Grafen Bethusy-Huc auf Deschowitz in Oberschlesien. So blieb sie in den ländlichen Adelskreisen, die sie auch vorwiegend zum Schauplatz ihrer Romane macht, besonders heimisch. Mehrere Jahre vergingen, ohne daß sie las oder schrieb. Plötzlich aber fand sie Geschmack an ernster Lektüre, las naturwissenschaftliche, geschichtliche und philosophische Bücher und hielt poetische Produktionen für überflüssigen Luxus.

Im Jahre 1876 fing die Gräfin an, schriftstellerisch thätig zu sein. Eine wohlwollende Kritik förderte ihre ersten novellistischen Versuche und nun folgten eine Anzahl von Romanen und Novellen, die wir zu den besten zu zählen nicht umhin können. Die sonst wohl häufige Erscheinung, daß das Erstlingswerk eines Schriftstellers von keinem der späteren Werke übertroffen wird, ist hier nicht zu bemerken, sondern jedes ihrer neuen Werke weist eine stets größer werdende Vervollkommnung auf und erweckt das Interesse auf die folgenden Werke.

In dem „Sohn des Flüchtlings" und den „Eichhofs" schildert sie das ländliche Leben trefflich, wiewohl in diesen beiden

Romanen noch das Bestreben hervortritt, dem Gefühl der Leser nach Spannung entgegenzukommen. In den folgenden Romanen ist hiervon nichts mehr zu bemerken, die Autorin ist hier bemüht, sich selbst zu zügeln. Das „Universum" bemerkt zu ihren Romanen: Vielleicht in der Einsicht, daß auch der begabteste Neuling sich erst allmählich mit den, wir möchten sagen, technischen Geheimnissen der Schriftstellerei vertraut machen muß, widmete sich Gräfin Bethusy der Novelle und zeigte sich hier alsbald als Meisterin, denn ihre graziösen, liebenswürdigen, von Anmuth durchwärmten Erzählungen gehören mit zu dem Besten, was auf diesem litterarischen Gebiete neuerdings geschaffen worden ist. Aber selbst bei diesen kleineren Aufgaben merkte man mehr und mehr, daß es der Verfasserin nicht um Herzensgeschichten allein zu thun war, das Leben der Gegenwart mit seinen vielen schroffen, socialen Gegensätzen wurde wiederholentlich gestreift und manche Phase im Daseinskampfe berührt.

Es ist hier nicht unsere Absicht, jeden der 20 Romane der hoch= begabten Autorin einer Besprechung zu unterziehen. Die zeitgenössische Kritik hat sich genügend und in anerkennenswerther Weise darüber ver= breitet. Wir werden, um die Eigenart der Schriftstellerin und die von ihr verwendeten Stoffe des näheren zu kennzeichnen, einige der be= deutendsten Schöpfungen hervorheben.

Im Jahre 1886 erschien in zwei Bänden der Roman „Die Laszinsky's". Hier werden die socialen Verhältnisse der ober= schlesischen Arbeiter, welche die Gräfin sehr interessirten, geschildert. Es ist ein Roman in des Wortes bester Bedeutung, denn er sucht das Volk bei seiner Arbeit auf, bei seinem Kämpfen und Ringen, Streiten und Leiden. Von dem dramatisch bewegten Hintergrunde der Erzäh= lung, die sich um die Schicksale der beiden Töchter einer verarmten, halbpolnischen Adelsfamilie schlingt, hebt sich ein gutes Stück Zeit= geschichte ab, bei der ebenso der scharfe, durchdringende Blick der Ver= fasserin wie ihr eingehendes Studium der Verhältnisse und ihre Objek= tivität zu bewundern sind. Mit packender Kraft ist der oberschlesische Hütten= bezirk geschildert, die Lage der dortigen Arbeiterbevölkerung, das Leben der Großgrundbesitzer, und dazwischen, durcheinanderwogend und leicht alles in Flammen setzend, die socialdemokratische und religiöse Bewegung.

Ueber „Das Paradies des Teufels" liegt der üppige Farben= glanz des Südens ausgebreitet. In gluth= und blutvoller Darstellung ersteht vor unseren Augen die giftschwangere Märchenwelt Monte-Carlos. Mit wunderbarem Zauber fesseln uns die trefflichen Naturschilderungen. Der Gegensatz der beiden Frauencharaktere ist vortrefflich durchgeführt. Der 1888 erschienene Roman „Seine Frau“ schildert in anziehendster Form, was eine Frau, die Kopf und Herz auf dem rechten Flecke hat, dem Mann für ein Schatz sein kann, und welche große Thorheit, welche Versündigung darin liegt, wenn sie mit der mehr oder minder verzuckerten Ermahnung abgethan wird: „Mein liebes Kind, das verstehst Du nicht, mische Dich nicht in Dinge, die außerhalb Deines Gesichtskreises liegen“. Der Roman verbindet in glücklicher Mischung das Reale mit dem Idealen und ist deshalb eine volle Wahrheit.

Für die jüngere adelige Welt empfehlen wir die Erzählung: „Verwaiste Herzen“. Es ist eine interessante Familiengeschichte, in deren Vordergrund zwei junge Leute, ein Jüngling und ein Mädchen stehen, die von ihren Angehörigen verkannt, gleichsam völlig verwaist sind und sich erst durch Willenskraft und energisches Handeln die langentbehrte Liebe erobern müssen. Unaufhaltsam schreitet, um mit der „Post“ zu urtheilen, die Handlung fort, getragen von Gestalten von Fleisch und Blut, von greifbarer Lebenswahrheit, und überall interessant und packend, ob die Verfasserin mit scharfen Strichen das Leben und die Interessen des Landadels schildert oder mit meisterhafter Hand das Seelenleben der Hauptpersonen zeichnet.

1891 erschien in zwei Bänden der Roman: „Um die Ehre“. Das treibende Motiv der Handlung ist der Kampf einer aus niederem Stande zu großem Reichthum emporgestiegenen Frau, die nur ein Ziel kennt, ihren Söhnen durch Verbindungen mit Familien des hohen Adels eine angesehene Stellung in der Gesellschaft zu sichern. Alle Hindernisse, die sich ihr in den Weg stellen, tritt sie mit einer fast dämonischen Energie nieder. Sie schreckt nicht vor Unredlichkeiten, vor Grausamkeiten, ja selbst nicht vor einem Verbrechen zurück, nur damit das mühsam aufgebaute Kartenhaus, die Ehre der Familie, nicht zusammenbricht. Es gelingt ihr auch, dieses Trugbild aufrecht zu erhalten, aber sie selbst verfällt darüber der Nacht des Wahnsinns, und ihre beiden Söhne finden ihr Glück nicht dort, wo es der Ehrgeiz der Mutter erträumt hatte, sondern in der friedlichen Idylle eines von edlen Frauen geschmückten Familienlebens. Vielleicht sind die Vorgänge dieses Romans aus dem Leben ihrer schlesischen Heimath genommen, welche die Verfasserin genugsam zu beobachten Gelegenheit hatte. Das Geheimniß ihres Erfolges liegt eben darin, daß sie immer Menschen und Dinge schildert, die sie wirklich kennt. Ihre schlichte, aber durchaus naturwahre und lebensvolle Darstellung hat sie so beliebt gemacht. Ihr 1893 in „Zur guten Stunde" erschienener großer Roman „Frauen" darf wohl mit Recht ihr bestes Werk genannt werden.

Einstimmig hat sich die Kritik dahin ausgesprochen, daß die Gräfin Bethusy-Huc eine hervorragende Schriftstellerin ist. Der deutsche Adel hat ein Recht, stolz auf diese seine Standesgenossin zu sein, die den adeligen Stand so lebenswahr in ihren Schriften schildert. Weil sie die vornehmen Regionen unserer Gesellschaft aus eigener Anschauung zur Darstellung bringt, darum sind es auch nicht die konventionellen und höheren Kreise, in denen sich ihre romantische Kunst bewegt, sondern es sind wirkliche Menschen und plastische Typen, die sie uns aus jener Klasse unserer Zeitgenossen giebt, deren Thun und Treiben dem profan bürgerlichen Dichter für gewöhnlich ein Buch mit sieben Siegeln bleibt.

Clotilde von Schwartzkoppen.

Clotilde von Schwartzkoppen wurde am 5. Mai 1830 zu Trier als die Tochter des königl. preußischen Generallieutenants von François geboren. Aus seinem Leben heben wir hervor: geb. 1785, trat er 1803 als Fähnrich in die preußische Armee ein, nahm als Lieutenant theil an dem unglücklichen Feldzug 1806 und verließ bei Auflösung der Armee 1808 als Premierlieutenant den Dienst; 1809 schloß er sich dem Schill'schen Corps an, trat 1812 in russische Dienste, in denen er die Feldzüge dieses und der nächsten Jahre mitmachte und unter anderen Schlachten und Gefechten die von Smolensk, an der Beresina, von Dresden, Leipzig, Bar und Arcis sur Aube mitfocht und ging 1815 nach Preußen zurück, wo er als Major wieder angestellt wurde. 1829 zum Oberstlieutenant und 1832 zum Oberst aufgerückt, wurde er wenige Jahre später Brigadekommandeur und Generalmajor und erhielt 1846 als Generallieutenant das Kommando einer Division. 1851 trat er in den Ruhestand und lebte in Potsdam, wo er am 9. Februar 1855 starb. Seine ungewöhnlich interessanten Memoiren hat Clotilde von Schwartzkoppen unter dem Titel: „Karl von François. Ein deutsches Soldatenleben" (Schwerin 1873) veröffentlicht. Das Motto dieses Buches lautet:

Sein Wesen trug ureigenes Gepräg,
Durch wilde Schluchten bahnt es sich den Weg,
Hinbrausend zwischen widrigen Geschicken,
Ein rascher Bergstrom war's — doch ohne Tücken.

Lebens- und Wahrheitstreue zeichnen vor allem diese Memoiren aus. Die Herausgeberin hatte den Plan, im Verein mit ihrem Bruder, Bruno von François (der erste deutsche General, der im deutsch-französischen Kriege bei Erstürmung der Spicherer Höhen fiel) dieses Werk herauszugeben. Zeit und Gelegenheit zu gemeinsamer Arbeit wollten sich nicht finden, bis der plötzliche Tod des Bruders diesen Plan vereitelte. So schmerzlich, schreibt die Herausgeberin im Vorworte, so schmerzlich es nun für mich ist, allein ans Werk zu gehen, wo ich auf eine liebe Gesellschaft und kräftige Unterstützung gehofft hatte, so fühle ich mich doch dazu veranlaßt, nicht nur durch einen Hinweis in dem Testamente des theuern Gefallenen (ihres Bruders), sondern auch durch die Betrachtung, wie des Letzteren Tod gewissermaßen nur die Erfüllung und Vollendung der väterlichen Laufbahn bildet. — Wir wünschen dem Buche überall, wo es noch nicht bekannt ist, besonders aber unter der männlichen Jugend des deutschen Adels eine herzliche Aufnahme. Eine ernste Betrachtung vergangener großer Zeiten bleibt nicht ohne Segen. 1889 erschien in Berlin eine neue Auflage des Buches.

Clotildens Cousine, Marie Luise von François (geb. am 27. Juni 1817 zu Herzberg bei Weißenfels, † 25. September 1893 zu Weißenfels, Verfasserin von „Der Erbe von Saldeck", „Die letzte Reckenburgerin", „Frau Erdmuthens Zwillingssöhne", „Stufenjahre eines Glücklichen", „Der Katzenjunker", „Phosphorus Hollunder", „Zu Füßen des Monarchen" u. a.) hat seit Clotildens frühester Jugend in sehr innigen Beziehungen zu ihr gestanden. Ein Lebensbild von Luise von François soll, wie die Verfasserin mittheilt, demnächst aus Clotildens Feder erscheinen.

Clotilde von François verheirathete sich mit dem preußischen Hof-kammerpräsidenten und Hofjägermeister von Schwartzkoppen, doch löste der Tod 1873 diesen glücklichen Bund. Gegenwärtig lebt Frau von

Schwartzkoppen in Berlin (seit 1886), nachdem sie bis dahin in Erfurt
gewohnt hatte.

Ihre 1854 erschienene Gedichtsammlung „Aus grünen Zweigen"
nahm die Kritik freundlich auf. Hier eine Probe:

Wie Einer abends löscht sein Licht,
Darauf kommt vieles an,
Ob freudig nach gethaner Pflicht,
Ob in der Sorge Bann,
Ob müd' gehetzt in Saus und Braus,
Ob mit geweihtem Sinn: —
Wie Einer löscht sein Lichtlein aus,
So steht es auch um ihn.

Drum halt Dich brav, thu' Deine Pflicht,
Was auch da kommen mag,
In Gottes Namen lösch Dein Licht
Nach gut' und bösem Tag,
Und denk', wenn nach der Dinge Lauf
Einst schließt die Erdenbahn: —
Wie man sein Licht hier löscht, darauf
Kommt es im Himmel an.

1868 erschien die Erzählung „Frau Holls Brautschleier",
1883 „Aquarelle" und 1888 „Gesammelte Novellen", welche
sechs auf das feinste durchgearbeitete Erzählungen umfassen und auf
das wärmste empfohlen werden können. Leider werden in Deutschland
bei der großen litterarischen Produktion auch die wirklich guten Bücher
schon 1—2 Jahre nach ihrem Erscheinen vergessen, und wenn sie nicht
das zweifelhafte Glück haben, in die Leihbibliotheken überzugehen, so
kann nichts vor dem Vergessenwerden sie retten. Es soll mir lieb sein,
wenn ich mich hierin irre.

Der Sommer 1893 brachte zwei Novellen: „Bella's Verlobung" und „Haus Ellerbusch", welche wir, ohne an dieser
Stelle näher darauf eingehen zu wollen, gleichfalls zur Lektüre im
Familienkreise empfehlen möchten. Die Autorin beabsichtigt zu Weihnachten 1894 eine neue Gedichtsammlung herauszugeben und wird
hiermit von neuem ihre eminente dichterische Begabung dokumentiren.
In der Zahl der Veröffentlichungen wird sie von manchen ihres Standes

übertroffen, aber mit dem, was sie geschaffen, hat sie sich in der Litteraturgeschichte des deutschen Adels einen würdigen Platz erobert. Ihre Vorfahren und Verwandten haben einen guten Ruf im Waffen= handwerk sich erworben, mit dem Schwerte des Geistes hat sie es ihnen rühmlichst gleichgethan.

Ewald von Zedtwitz.

Seine Wiege stand in dem letzten, oder man könnte auch sagen, in dem ersten Hause des bescheidenen, zwischen grünenden Wiesen be= legenen Landstädtchens Delitzsch der preußischen Provinz Sachsen. Heute hat sich dort manches verändert, das Dampfroß keucht da vorbei, aber damals vor circa 50 Jahren lag es weltvergessen, abseits vom geräuschvollen Getriebe.

Sein Vater Bruno von Zedtwitz war zu jener Zeit Seconde= Lieutenant und Adjutant des Landwehr=Bataillons Delitzsch, dessen Stab dort garnisonirte. Er verheirathete sich mit Emiline geb. von Klaß, der Tochter des damaligen Generals und Kommandanten von Erfurt. Am 23. Januar 1840 wurde Ewald als der älteste Sohn geboren. Der Stammbaum der Zedtwitz'schen Familie reicht bis in das graue Alterthum. Sie stammt aus Böhmen, aus dem Schlosse Asch, am Fuß des Fichtelgebirges gelegen. Die österreichischen Agnaten dieser Familie sind Dank der Majorats=Einrichtung besser begütert, als der norddeutsche Zweig dieser Familie. So kam es, daß Ewald nicht in den wohlhabendsten Verhältnissen geboren wurde, was ihn jedoch nicht gehindert hat, dem Leben die heitersten Seiten abzugewinnen. Gott erhalte ihm diese glückliche Gabe!

Etwas von den sanften, friedlichen Reizen seiner Vaterstadt, das Behagen am kleinbürgerlichen Dasein ist ihm als Erbtheil übermacht worden. Er bemerkt in einer Mittheilung an den Verfasser: „Ich lebe gern in solchem abseits der Landstraße gelegenen Städtchen; freilich muß ich den Pulsschlag der Residenzen von ferne hören, und es darf mir nicht allzugroße Mühe machen, mich in den Strudel des Lebens zu stürzen. Ich finde, daß gerade die Abwechselung von Idyll und internationalem Treiben die Genußfähigkeit des Menschen erhöht. Wer aber das Leben möglichst getreu und dabei durch einen idealisirenden

Hauch verschönt wiedergeben will, muß sich gerade die Genußfähigkeit zu erhalten suchen."

Sein Vater war ein ernster Mann, seine Mutter eine thatkräftige,
heitere, witzige und allseitig beliebte Frau. Klingende Schätze haben
die Eltern ihrem Sohne nicht hinterlassen, aber dafür ein wenig von
den Kapitalien ihres Gemüths.

Die politisch unruhigen Jahre damals trugen die Schuld daran,
daß Ewalds Schulunterricht durch häufige Versetzungen seines Vaters
vielfach unterbrochen wurde. Er besuchte nacheinander die Schulen zu
Delitzsch, Cölleda, Erfurt, Magdeburg und Naumburg a. S., bis endlich seine Aufnahme in das Cadettencorps zu Bensberg erfolgte. Die
Eindrücke jener Zeit sind ihm unvergeßlich geblieben und tauchen nebst
den Erinnerungen aus seinem ferneren Leben wiederholt in seinen
Schriften auf. Im Jahre 1858 erreichte er sein ersehntes Ziel und
wurde Secondelieutenant im damaligen 32. Inf.-Regt. in Erfurt.
Das war eine schöne, herrliche Zeit, geschmückt mit dem ganzen Glanze
der Jugend, welcher nichts ferner lag, als die grübelnde Sorge. Bei
der Reorganisation der Armee im Jahre 1860 wurde er zum 4. thüringischen
Inf.-Regt. Nr. 72 nach Torgau versetzt, und hatte er schon früher
fröhlich in den Tag hineingelebt, so that er es jetzt erst recht. Er
wurde Adjutant, durchstreifte auf flüchtigem Rosse die Welt, sein Fuchs
trug ihn vom Strande der Elbe bis nach Preßburg zur schönen blauen
Donau. Er kämpfte in Böhmen, ging unverwundet aus dem Schlacht-
gewühl von Königgrätz, Preßburg und Sichrow hervor und kehrte, geschmückt mit dem Kronenorden mit Schwertern, in seine Garnison zurück. Das waren schöne, stolze Augenblicke seines Lebens!

Ein Lieutenantsdasein ohne Liebe wäre undenkbar, und mehr als
einmal traf Gott Amor mit seinen Pfeilen sein für das ewig Weibliche so empfängliche Herz. Aber die Wunden waren bis dahin nur
Streifschüsse gewesen. Manchmal wollte der Vater nicht, manchmal
lächelte Gott Mammon ein gnädiges Nein, und so blieb er denn noch
immer ungefesselt. Da sah er Hedwig, die jugendlich schöne Tochter
des Oberhofmarschalls von Wurmb in Sondershausen. Da zog die
wahre Liebe in sein Herz. Alle Hindernisse, deren es genug gab,
wurden durch ihre Allgewalt bei Seite geräumt, und er führte sein
junges Weib in sein bescheidenes Heim. Eine Tochter wurde ihnen

geboren, sie waren glücklich, der Himmel strahlte sonnenklar auf sie nieder.

Doch bald stiegen düstere Wolken auf. Krieg in Sicht — der Krieg erklärt — Ausmarsch — Trennung von Weib und Kind — und da brüllten schon die Kanonen von Mars la Tour, da umwogte ihn der Kampf, da flossen die Ströme edlen Blutes, da sank er getroffen von fünf Geschossen nieder, und — da trat sein Weib, wie ein Engel Gottes, an sein Lager. Er genas, sie aber gehörte zu den Opfern, welche die Kriegsfurie unbarmherzig verschlang. Blumen und Thränen fielen auf ihr Grab, aber der Lorbeerkranz grünte darauf, seine Reiser wuchsen, damit der kräftige Baum der Nachwelt verkünde, was treue Frauenliebe, was die Barmherzigkeit einer deutschen Frau zu thun im Stande ist. Viele, deren Wunden sie mit liebevoller Hand verband, singen noch heute ihr Loblied.

In jene Zeit fällt eine Episode seines Lebens, welche vielfach zum Gegenstand von lyrischen Ergüssen geworden ist, eine Begegnung mit dem hochseligen Kaiser Wilhelm, dessen Herzensgüte dadurch so recht in das Licht gerückt wird. Hören wir, was Zedtwitz selbst darüber berichtet:

„Zum Tode getroffen, lag ich auf hartem Strohlager in dem Städtchen Gorze; am 16. verwundet, am 19. noch unverbunden, sah ich gefaßt meinem letzten Stünblein entgegen. Man hatte mich in dem Laden des Kaufmanns Antoin untergebracht. Die Thür nach der Straße war geöffnet, und dort zog lärmend eine endlose, sich Tag und Nacht fortsetzende Linie von Gefangenen, heranrückenden Truppen, Munitions- und Proviantkolonnen, Verwundeten-Transporten, Viehherden und flüchtigen Landesinsassen vorüber. Plötzlich ging ein eigenes Getöse durch den Strom, Hurrahs ertönten, setzten sich fort, wuchsen donnerähnlich an, und „Es lebe der König" war jetzt deutlich zu vernehmen.

Gestern hatte man die Schlacht von Gravelotte geschlagen. Der Preußenherrscher hatte selbst kommandirt. Jetzt kehrte er vom Schauplatz seiner siegreichen Thaten zurück. Meine sinkenden Lebensgeister hoben sich wieder, nur noch einen Blick auf den greisen Helden und dann — sterben. Langsam nahte der Wagen mit dem ruhmgekrönten Helden. An meinem Lager stand eine dunkelrothe, vollerblühte Rose, welche mir die Hand des Kindes meines prächtigen Wirthes, eines Invaliden von Magenta, der auf Italiens Schlachtgefilden einen Fuß

9*

gelaffen hatte, freundlich spendete. Da faßte mich ein Etwas. „Nimm
diese Rose", sagte ich zu einem Soldaten, der mich treulich pflegte,
„gieb sie dem König, als Siegesgruß für Gravelotte, von einem ster-
benden Offizier!"

Der Soldat, ohne Schuh und Strümpfe, bekleidet mit einer lei-
nenen Jacke, drängte sich an den Wagen. Der König nahm die Rose
— ich sah es von meinem Strohlager — richtete einige Worte an
den Soldaten, welche jedoch von der heranbrängenden Menge, die auch
den Ueberbringer der Blume bei Seite schob, verschlungen wurden.
Zwei Jahre später, als ich als Hauptmann und Bezirks-Kommandeur
in Halberstadt bereits angestellt war, erhielt ich zu Weihnachten — es
ist wohl der schönste und unvergeßlichste Augenblick meines Lebens —
von Sr. Majestät, unserem nunmehr in Gott ruhenden geliebten Kaiser
ein Bild, eine kriegerische Allegorie darstellend, in dem breiten Gold-
rahmen einen in Silber getriebenen Rosenzweig eingelassen. Ein eigen-
händiges, Allerhöchstes gnädiges Handschreiben begleitete die zartsinnige
königliche Gabe: „In dankbarer Erinnerung an den mir unvergeßlichen
Augenblicke, wo Sie, schwer verwundet, in Gorze am 19. August 1870
mir eine Rose nachsandten, und ich, Sie nicht kennend, an Ihrem
Schmerzenslager vorübergefahren war, sende ich das beikommende Bild,
damit noch in späteren Jahren man wisse, wie Sie in solchem Augenblicke Ihres Königs gedachten und wie dankbar er Ihnen bleibt. Weihnachten 1871. (gez.) Wilhelm Rex." — —

Wie hoch Ewald von Zedtwitz dadurch beglückt wurde, braucht
nicht erst gesagt zu werden. Hatte sich sein Leben bis dahin in ver-
hältnißmäßig engem Rahmen abgespielt, so machte seine Verwundung den
Aufenthalt in verschiedenen Badeorten und im Süden nothwendig. Er
durchreiste Italien, Belgien, Holland, das österreichische Kaiserreich und
deutsche Vaterland nach allen Richtungen. Der Geschmack an dem
Reisen wuchs dadurch mehr und mehr, er sah Norwegen und Schweden,
Lappland, die Schweiz, Ungarn, Siebenbürgen, Rumänien, Korfu, Al-
banien, Montenegro, Dalmatien, sowie Dänemark, und alle diese herrlichen
Ausflüge haben ihre Samenkörner ausgestreut und die Erinnerungen
daran sind in seinen Romanen und Reiseberichten niedergelegt worden.

Nach mehrjährigem Aufenthalte in Halberstadt verheirathete er sich
zum zweiten Male und zwar mit Anna, der Tochter des Kaufmanns

Wieter. Ihre Ehe wurde durch eine Tochter gesegnet. Da, ungefähr vor 14 Jahren, als er bereis zum Major emporgerückt war, machte er eine Fußreise durch Tyrol und schrieb von da aus möglichst ausführliche Briefe nach Haus. Als er dieselben an den gemütlichen Winterabenden einmal seiner Gattin wieder vorlas, bemerkte diese leichthin, er möge sie doch zum Andenken für ihre Kinder drucken lassen. Zedtwitz lächelte. Ihm fiel dabei das Wort eines seiner Lehrer der deutschen Sprache ein, welcher ihm, nachdem er einige Aufsätze von ihm gelesen hatte, voraussagte, er würde noch einmal Schriftsteller werden.

Diese Briefe erschienen bald darauf wirklich unter dem Titel „Sommerschwalben" in dem Intelligenzblatt zu Weißenfels als erste gedruckte Erzeugnisse seiner Feder. Sie gefielen, Zedtwitz fand Geschmack an dieser Thätigkeit. Es folgten kurze, meist militärische Humoresken, welche er in den verschiedensten größeren und kleineren Blättern veröffentlichte, und die jetzt, zu einer stattlichen Reihe von Bändchen vereint, bei Eckstein, Hugo Steinitz und Otto Janke in Berlin erschienen sind.

Nach und nach wagte sich Zedtwitz an größere Arbeiten. Er schrieb Novellen, später Romane, versuchte sich auch vorübergehend auf dramatischem Gebiete. Mehrere seiner Stücke überschritten mit Glück die Bühne. Endlich, als die Feder mehr und mehr seine Kräfte beanspruchte, nahm er seinen Abschied, zog zuerst nach Potsdam, dann nach dem stillen wald- und seeumschlossenen Eutin in Holstein und wohnt gegenwärtig in Meiningen. Von seinen Romanen seien hier mit Auszeichnung genannt: Die Töchter der Spione, Das Mädchen von Santi Quaranta, der Sportsroman Bona fide, Wenn Frauen lieben, Der Fluch von Braneck, Die Tochter des Majors, Die Letzte derer von Dresedow, Im Drange der Welt, Sybillens Eid, Ein Träumer u. a. m. — Dem Verfasser gegenüber äußerste von Zedtwitz: „Wenn ich einen Wunsch hege, so ist es der, daß mir der liebe Gott fernerhin geistige und körperliche Kraft verleihen möge, meinen nunmehrigen Beruf zu erfüllen, damit es mir, wie bisher auch in kommenden Zeiten vergönnt sei, mich der freundlichen nachsichtlichen Gunst meiner Leser zu erfreuen." Wir schließen uns diesem Wunsch auf das Herzlichste an.

Prinz Emil zu Schönaich-Carolath.

Prinz Emil zu Schönaich-Carolath, der einzige Sohn des verstorbenen Prinzen Karl und der gleichfalls verstorbenen Prinzessin Emilie, gebornen von Oppen-Schilden aus Jütland, wurde geboren zu Breslau am 8. April 1852, woselbst er im Elternhause bis zu seinem 15. Jahre lebte und die Zwinger-Realschule besuchte. Sodann siedelten seine Eltern nach Wiesbaden über, wo er auf höheren Lehranstalten seine weitere Fortbildung erhielt. Im Winter des Jahres 1870 hörte er in Zürich die Vorlesungen von Scherr und Kinkel, trat alsdann nach seinem Wunsche in ein Kavallerie-Regiment, welches im Elsaß garnisonirte (Kurmärk. Dragoner-Regiment Nr. 14, König der Belgier), und wurde bald darauf Offizier. A la suite dieses Regiments gestellt — er hatte bereits vorher im Zeitraum von wenigen Jahren seine Eltern verloren — machte er seine erste weite Reise nach dem Orient, verließ später den aktiven Dienst und lebte Jahre hindurch auf Reisen größerer Ausdehnung, welche ihn nach Egypten, Syrien, Tunis, Griechenland, Montenegro, der Türkei, deren albanesische Gebirgszüge er auf langen Jagdtouren durchstreifte, sowie Südeuropa führten. Ende der siebenziger Jahre ließ er sich in Dänemark nieder und erwarb daselbst ausgedehntere Besitzungen von großer landschaftlicher Schönheit. Weite Buchwälder umrahmen dieses meerbespülte nordische Heim, wo er — es heißt Palsgaard-Jnilsminde — seit seiner im Jahre 1887 mit Fräulein von Knorring (eine alte in Esthland wie in Schweden ansässige Familie) vollzogenen Heirath lebt.

Die ersten litterarischen Anregungen erhielt er durch seine hochbegabte, als Uebertragerin ernster wissenschaftlicher Werke bekannte Mutter, späterhin wurden dieselben durch regen Verkehr (in Wiesbaden) mit ausgezeichneten, künstlerisch beanlagten Menschen gefördert. Eine Jugendneigung, über welcher kein glücklicher Stern waltete, trieb ihn auf vorerwähnte Reisen; aus ihr entstand sein erstes Werk: „Lieder an eine Verlorene" (Stuttgart 1878), welches sehr freundlich aufgenommen wurde, wie auch überhaupt seine späteren Schriften das Glück hatten, ihm niemals laue, allgemeine Besprechungen einzutragen, sondern entweder ehrliche Gegnerschaft oder doch sehr überwiegend warmen Anhang zu schaffen. Durch die „Lieder an eine Verlorene" geht derselbe dunkle Zug, der auch durch Heines Leben geht,

und diesen sich selbst in die Fremde verbannen ließ; derselbe, der
Lenau hinüberjagte über den Ocean, derselbe, den Meißner in „Dem
trüben Freunde" zu beschwören sucht. Bemerkenswerth ist in dieser
Sammlung das größere Gedicht „Sulamith". Sulamith ist ein
Maronitenweib, das einen halbtodten Bettler findet, an dem die
Priester erbarmungslos vorübergezogen. Und das Weib bettet in
seiner Seelengröße den wüsten Kopf des schmutzigen Alten an seine
reine, keusche Brust und erquickt den Verschmachtenden. Dann nimmt
sie ihr Kind und geht weinend weiter, hinein in's Abendroth. Und
Satan, der kurz vorher triumphirt und die Welt sein genannt hat,
sein die Menschen, für welche die Liebe zu schade ist, welche die Liebe
durch den Koth schleifen — er sieht dem Weibe regungslos nach,
regungslos vor dieser Seelengröße, — „mit den entgötterten, ver-
lorenen Augen." Man muß die Dichtung lesen, es lebt echte und
tiefe Poesie darin.

Ueber die 1881 erschienene Novelle „Thauwasser" schreiben
die „Blätter für litterarische Unterhaltung": Wer die „Lieder an
eine Verlorene" des Prinzen zu Schönaich-Carolath kennt, über denen
die ganze Trauer eines nordischen Herbsttages liegt, der wird über-
rascht sein, wenn er auch in der Novelle „Thauwasser" dieselbe tiefe
Melancholie der dichterischen Stimmung findet . . . Zwar deutet der
Titel der Novelle gewissermaßen auf Frühlingsstimmungen hin, allein
der Herbst wie der Frühling haben ja das gemeinsam, daß sie Vor-
handenes oder oft auch vorzeitig Werdendes vernichten. Die Novelle
hat es selbstverständlich nur mit der Vernichtung des Werdenden zu
thun. Hier geht eine werdende Liebe, eine berechtigt oder unberechtigt
blühende Knospe in dem Frühlingsthauwasser zu Grunde. Was thut's,
ob sie der Herbstfrost oder das Thauwasser hinwegrafft? Das Leid
bleibt dasselbe. Die Schilderung, wie sich dieser Prozeß an den han-
delnden Personen vollzieht, ist einfach, aber die Hand des Künstlers
nirgends zu verkennen.

1884 erschienen die „Geschichten aus Moll" (Stuttgart),
enthaltend 10 Erzählungen, die eigenartig und wirkungsvoll kleine
Meisterstücke der Novellistik zu nennen sind. Der Verfasser zeigt hier
in der Beschränkung sein Können und im kleinsten Stoffe durch seine
künstlerische Komposition die ganze Individualität seines Charakters

mit vollstem Bewußtsein ihres Werdens und Wollens. Den Inhalt wiederzugeben, wäre schwer, denn diese Geschichten sind eigentlich nur Inhalt. Unsere Romanschreiber hätten mit Leichtigkeit jede zu einem Roman breitgearbeitet.

Die 1893 in zweiter, stark vermehrter Auflage erschienenen „Dichtungen" enthalten durchweg Gelungenes, oft in wahrhaft berauschender Formenschöne. Die „Sphinx" wie „Don Juans Tod" sind Menschheitsgedichte, die übrigen von den „Dichtungen" umfaßten Stücke die Ergebnisse individueller Empfindungen und Anschauungen. In allen, meist leidenschaftlichen und tragischen Schöpfungen herrscht der Zug, das Sinnliche sich durchringen zu lassen zur Freiheit von der Sünde, das tiefe Elend der Menschheit zur Erlösung. Nie verläugnet sich der Glaube an die unendliche, erbarmende Liebe, welche sich selbst an den düsteren Gestalten des Don Juan, des Judas, des Guy (in „Sphinx") unwiderstehlich erfüllt. Die „Dichtungen" sind eigenartig und durchaus nicht für die Massen berechnet. Auch treibt den Dichter seine Neigung und Veranlagung auf Pfade, die abseits betretener Heeresstraßen liegen. Hören wir des Prinzen eigenes briefliches Geständniß: Ich lebe zurückgezogen, habe auf litterarischem Gebiet nur wenig Beziehungen. Ich liebe Deutschland glühend, aber nicht mit blinder Liebe. Meine Freunde sind weniger unter den Großen und Reichen dieser Welt zu suchen, als unter einfachen Menschen, denen ich dienen und nützen kann. Anlage zum geschmeidigen Höflingöthum habe ich weder als Mensch noch als Dichter.

Hanns von Zobeltitz.

Hanns von Zobeltitz ist am 9. September 1853 auf Spiegelberg im Kreise Sternberg, einem alten Gut seiner Familie, geboren, erhielt den ersten Unterricht im Elternhause, besuchte dann das Friedrich-Wilhelms-Gymnasium zu Berlin und trat bei Ausbruch des Feldzuges 1870 in das Garde-Füsilier-Regiment als Einjährig-Freiwilliger ein. Es war seine Absicht, nach Beendigung des Krieges irgend einen technischen Beruf zu ergreifen, im Lauf des Feldzugs fand er aber derartigen Gefallen am militärischen, daß er übertrat und nach dem Friedensschluß und dem erfolgreichen Besuch der Kriegsschule in

Potsdam (an der er durch eine eigene Fügung später als Lehrer wirken sollte) zum Offizier im Garde=Füsilier=Regiment 1872 ernannt wurde.

Er blieb bis zum Jahre 1876 in demselben Regiment, und in diese Zeit fällt auch bereits der Anfang seiner schriftstellerischen Thätig= keit. Mit Herrn von Glasenapp, Herausgeber der „Militärischen Blätter", bekannt geworden, schrieb er für diesen eine ganze Reihe von Aufsätzen und besuchte in seinem Auftrag auch u. A. die Wiener Weltausstellung von 1873.

Im Jahre 1876 zum damals neu formirten Eisenbahnregiment versetzt, fand er hier für seine litterarischen Neigungen neue An= regungen. Er knüpfte zahlreiche Verbindungen mit unseren bedeuten= deren illustrirten Blättern an und hatte die Freude, bald auf dem Gebiete des populär=wissenschaftlichen Feuilletons ein gesuchter Autor zu werden. Auch das „Daheim", in dessen Redaktion er später ein= trat, brachte damals bereis häufig Artikel seiner Feder, die meist unter dem Namen Hanns von Spielberg, theilweise auch unter Hasso Harden erschienen. Zu seiner Spezialität bildete er allmählich neben populären Schilderungen aus dem inneren Leben der Armee, in denen er stets deren Interessen zu vertreten suchte, das technische Essay aus. Auch zahlreiche, in den verschiedensten Blättern zerstreute Bilder hervor= ragender deutscher Fabrikanlagen entstammen seiner Feder. 1881 wurde er in das Infanterie=Regiment 85 versetzt und bald darauf zum Premierlieutenant befördert. Um jene Zeit wandte er sich, nebenbei nach wie vor Feuilletons schreibend, der erzählenden Dichtung zu. Es erschienen zunächst im Schönlein'schen Verlag in Stuttgart einige Novellen, dann auch ein Roman „Das Auge Wischnus", und bald erschlossen sich andere Journale seinen Erzählungen. Die „Kölnische Zeitung" brachte seinen Roman „Wirre Wege", das „Universum", der „Bazar", die „Illustrirte Frauen=Zeitung", die „Neue illustrirte Zeitung" und andere Blätter zahlreiche Novellen, die er neuerdings gesammelt herausgab.

Inzwischen war er zur Kriegsakademie kommandirt worden (1883) und fand hier Gelegenheit, neben seinen kriegswissenschaftlichen Ar= beiten, vorzugsweise sich dem Studium der Geschichte zuzuwenden. Professor von Treitschke acceptirte seinen Aufsatz: „Maximilian I. im

Lichte neuerer Forschung", mit anerkennenden Worten. Die Ferien=
pausen zwischen den einzelnen Kursen der Akademie benutzte er zu
umfangreichen Reisen, die ihn einen guten Theil Europas kennen
lehrten und seinen Gesichtskreis wesentlich erweiterten.

Zu seinem Regiment zurückgekehrt und weiterer Verwendung
harrend, setzte er in Rendsburg, seiner Garnison, die schriftstellerische
Thätigkeit und zugleich seine eigene Weiterbildung fort. Im Jahre
1886 wurde er zum Hauptmann befördert, darauf als Taktiklehrer
zur Kriegsschule Potsdam kommandirt. Während dieses Kommandos
vollzog sich in ihm der wahrlich nicht leichte, aber doch nimmer bereute
Entschluß, den Militärdienst zu quittiren und sich ganz der Litteratur,
die ihm inzwischen längst zu seinem zweiten Beruf geworden war,
zu widmen. Er war in den letzten Jahren mit der Vollendung des
bekannten Adamischen Werkes: „Das Buch vom Kaiser Wil=
helm" — dessen bewährter Verfasser leider durch Krankheit an der
Fortführung verhindert war — und mit der gänzlichen Neubearbeitung
des „Buches vom deutschen Heere" beschäftigt gewesen, und so
kam es ihm erwünscht, als die Verleger der beiden genannten Werke,
Velhagen & Klasing in Bielefeld, ihm das Anerbieten machten, in die
Redaktion der in ihrem Verlage erscheinenden Zeitschriften „Daheim"
und „Velhagen & Klasings Monatshefte" einzutreten. So erbat er
Anfang 1891 seinen Abschied, der ihm vom Kaiser mit Uniform des
Garde=Füsilier=Regiments und unter Verleihung des Rothen Adler=
Ordens bewilligt wurde.

Seitdem lebt Hanns von Zobeltitz in Berlin, seine Zeit zwischen
der redaktionellen Thätigkeit und freiem schriftstellerischen Schaffen
theilend.

Außer den erwähnten Adamischen und H. Vogt'schen militärischen
Werken, deren Fortführung resp. Neubearbeitung Zobeltitz übernahm
und in befriedigendster Weise ausführte, erschienen 1892 in Bielefeld:
„Dreißig Lebensbilder deutscher Männer aus neuerer
Zeit", ein Werk, das der eingehendsten Beachtung würdig ist. Zur
leichteren Erzählungsgattung gehören seine: „Militaria" (Humoresken,
2. Aufl., Berlin 1891), „Der Strandgraf" (Kleine Geschichten,
Berlin 1891), „Prinzeßchens erste Liebe" (Kleine Geschichten,
Berlin 1891), die sämmtlich wegen ihres natürlichen Humors lesens=

werth sind. Seine Novellen: „Gräfin Langeweile" (2. Aufl.,
Berlin 1892), „Rohr im Winde" (Babenzien 1893), „Der Alte
von Gütersloh" (Babenzien 1893), sind wirklich echte Perlen
der Novellistik und verdienen weiteste Verbreitung. 1893 erschien in
Bielefeld die Jugendschrift: „Christian von Stachow". Hanns
von Zobeltitz hat sich bereits einer großen Beliebtheit in der deutschen
Leserwelt zu erfreuen. Der gute Stil und die natürliche Sprache der
geschilderten Personen thun das Ihrige, den Genuß des Lesens an
diesen Erzählungen zu erhöhen.

Nataly von Eschstruth.

Nataly von Eschstruth wurde am 18. Mai 1860 als die jüngste
Tochter eines Hessischen Husarenoffiziers zu Hofgeismar geboren. Ihre
erste Kindheit verlebte sie inmitten des fröhlich-bewegten Treibens,
das mit dem Waffenhandwerk nun einmal innig verbunden ist.
Die väterliche Schwadron mit ihrer buntschimmernden Tracht bildete
stets ein neues, interessantes Schauspiel für das aufgeweckte, muntere
Kind. 1867 siedelten die Eltern nach Merseburg, 1872 nach Berlin
über, woselbst sie in dem Pensionate des Fräulein von Bock ihre
Schulbildung vollendete. Dank der aufopfernden Fürsorge der Mutter
— einer gebornen Freiin Schenck zu Schweinsberg — erhielt das
junge Mädchen eine treffliche, künstlerische Erziehung, welche die vor-
handenen reichen Geistesgaben weckte und zur Entfaltung brachte.
Schon frühzeitig hatte sich die Liebe zur Poesie geäußert, Gelegenheitsgedichte zur Feier besonderer Familienfeste hatten ein nicht gewöhn-
liches poetisches Können verrathen, aber von der kleinen Hauspoetin
bis zur Schriftstellerin von Beruf ist ein weiter und schwerer Schritt.
Nataly von Eschstruth erzählt von sich selber, daß die häusliche
Stimmung auf bedenkliche Weise umschlug, als die „kittelschürzige
Sappho anfing, ihre Schulbücher statt mit Themes mit Gedichten zu
füllen"; jedes Rauschen dichterischer Schwingen ward mit Feuer und
Schwert verfolgt. Vorläufig wurde das Versemachen heimlich, aber
desto eifriger fortgesetzt, bis der Erfolg der ersten schüchternen Versuche
das Selbstvertrauen der jungen Dame stärkte.

Es war während eines längeren Aufenthalts in der Schweiz,
daß Nataly von Eschstruth ihre ersten Novellen veröffentlichte, die

durch lebhafte Phantasie und fesselnde Darstellungsweise Interesse für die Autorin erregten. Diesen Schweizer Novellen folgten zunächst ein Paar Humoresken: „Die Königsschwärmerin" und „Wie sich Hoheit rächt". Im Jahre 1880 erschien der erste Roman „Der Mühlenprinz" der damals Zwanzigjährigen. Von den weiteren novellistischen Arbeiten jener Zeit heben wir noch die „Erlkönigin", die „Gauklerin" und den „Irrgeist des Schlosses" hervor.

Geben diese kurzen Notizen schon eine Anschauung von der Viel=seitigkeit der jugendlichen Verfasserin, so muß man staunen, wenn man die gleichzeitigen dramatischen Bearbeitungen einer Beachtung unterzieht. Mit siebzehn Jahren schrieb Nataly von Eschstruth bereits ein historisches Schauspiel, „Der Eisenkopf", dem bald darauf das Lustspiel „Pirmasenz oder Karl Augusts Brautfahrt" folgte, das 1881 unter Otto Devrients Leitung mit bestem Erfolge in Jena aufgeführt wurde und gleichen Beifall an anderen Orten er=zielte. Die späteren dramatischen Arbeiten der Verfasserin, welcher der bewährte Rath Otto Devrients zur Seite stand, sind die Schau=spiele „Der kleine Rittmeister" — eine Episode aus den Tagen von Fehrbellin behandelnd —, „Des Königs Grenadiere", „Die Ordre des Grafen von Guise", sowie „Die Sturmnixe," welche letztere auf dem Großherzoglichen Theater zu Neustrelitz einen vollen Erfolg davontrug. Dasselbe ist in Versen abgefaßt und hat die mysteriöse Geschichte eines schwedischen Pfarrers, der in der Nacht ein geheimnißvolles Paar trauen muß, worauf die Braut von einem Vermummten (Iwan dem Schrecklichen?) niedergestoßen wird, zum Hintergrunde. 1888 entstand noch der Schwank „Sie wird ge=küßt". Die in den genannten Werken sich vorfindende Bühnen=technik ist sehr zu loben. Das theatralische Geschick der jugendlichen Verfasserin erregte geradezu Staunen. Zudem verfügt sie über eine poetische Sprache und einen liebenswürdigen, wirksamen Humor.

Die späteren novellistischen Arbeiten der Verfasserin tragen in noch höherem Maße den Stempel der Vollendung, als die bisher erwähnten; zugleich legen sie von Neuem Zeugniß ab von der künst=lerischen Vielseitigkeit der Autorin. Während „Wolfsburg" (Roman 1884) und „Katz und Maus" (Roman 1885) romantisch=historische Stoffe behandeln, hat die Verfasserin mit „Gänseliesel" (2 Bände,

1886), „Polnisch Blut" (2 Bde. 1887) und „Hazard" (2 Bde. 1888) glückliche Griffe in das Hofleben gethan, dessen Geheimnisse den meisten Sterblichen verschlossen bleiben. Es steht uns nicht zu, in dieser Zeit der Modellmanie über die Personen der Romane allerhand indiskrete Mittheilungen zu machen; wie voraus zu sehen, hat sich die Mehrzahl der „Abgeschilderten" natürlich wiedererkannt, und dafür bei der Verfasserin mit guter Laune und dem Ausdrucke allergrößten Vergnügens bedankt. Wir begnügen uns hier mit einem Hinweise auf die eminente Darstellungskunst der Verfasserin, welche sich in den genannten drei Romanen offenbart. Alle glänzenden Eigenschaften ihres Talents kommen hier zur vollen Geltung: scharfe Charakteristik, lebhafte Schilderung, froher Humor und tiefe Empfindung. Der ungewöhnliche, geradezu sensationelle Erfolg, den diese Romane davongetragen haben, beruht auf der frappanten Lebenswahrheit, welche ihnen innewohnt.

Zeigt sich uns so die Verfasserin als vollendete Kennerin modernsten Lebens, so führt sie uns in „Wolfsburg" und „Ratz und Maus" die Romantik des Mittelalters vor. In lebhafter Schilderung lernen wir die wachsende Leidenschaft in den Gemüthern des Haidekindes, Hermengild, genannt Mustela, und des jungen Besitzers der Wolfsburg kennen. Ein alter Zwist trennt Hermengilds Vater, einen einsiedlerischen Vogelsteller, von der stolzen Wolfsburg. Er sinnt auf Rache für die alte Beleidigung, aber die todesmuthige Aufopferung der Heldin, welche den Geliebten aus dem von ihr selbst heraufbeschworenen Ueberfall rettet, führt einen versöhnenden Abschluß herbei. Die Victor von Scheffel gewidmete Erzählung ist anmuthig und zierlich geschrieben, der historische Hintergrund recht verständig behandelt. Der Einfluß Scheffels macht sich auch in „Ratz und Maus" geltend. Diese Rittergeschichte in Versen erinnert vielfach an den Meistersang des Lehrers und Freundes.

Ueber den 1891 erschienenen Roman „In Ungnade" schreibt der „Reichsbote": Nataly von Eschstruth wird den Leser selten langweilen, eher einmal ärgern. Denn sie ist mit einer sehr lebhaften Phantasie- und mit einer nicht minder glänzenden Darstellungskunst begabt, welche sie zuweilen, wie in ihrem neuesten Roman „In Ungnade" verleitet, über das Ziel und Maß hinauszugehen. Sie liebt

packende Situationen und warme Farben, wird aber auch hierin
manchmal äußerst kühn. Es läßt sich nicht leugnen, daß die Verfasserin oft stark sinnlich wird, namentlich in der Gluth der Empfindung. Aber im Allgemeinen preist und schildert sie doch nicht
den Sinnenreiz äußerer Schönheit, außer wo sie das Verführerische
derselben darstellen will, verweilt nie bei Ausmalung sinnlicher
Situationen, sondern sie rühmt mit überzeugender Kraft das Feuer
des Geistes und die Vorzüge der Seele. In diesem Roman zeigt
sich die Verfasserin in der Erfindung der Fabel nicht gerade reich,
und doch weiß sie uns für ihr Problem zu interessiren. Eine Hof-
intrigue und der Einfluß einer wunderschönen Wittwe auf einen
Großherzog, dem sie nur als Beratherin nahe steht, auf dessen Hand
sie aber dennoch spekulirt, das war wohl vor 30 Jahren spannender
als heute, und doch weiß die Verfasserin auf diesem etwas ver-
brauchten Hintergrunde ein Seelengemälde zu entwerfen, dem wir
unsere Theilnahme nicht versagen können. Zeigt der erste Band uns
durch Leidenschaft verzerrte Menschenherzen, so bricht im zweiten die
Tiefe echten Gemüths um so sonnenklarer und wärmer hindurch.
Eine reine, edle Gesinnung offenbart sich namentlich in dem, wie der
Held die Versuchung von sich weist und sich langsam neuem Glücke
erschließt.

„Ungleich" (Roman, 2 Bde. 1890) ist ebenfalls eine Hof-
geschichte, und sein goldener Faden ist das Motto: „Ungleich aber
kann mit Ungleich nur in Liebe sich verbinden." In diesem Falle ist
es eine kleine capriziöse Prinzessin, deren sprödes Herz erst spät von
einem Cavalier des Hofes bezwungen wird, nachdem er ihr in einer
Schrift, welche anonym erscheint, die Fehler und Schwächen ihres
Charakters gleichsam wie in einem Spiegel vorzeigt. Die bittere,
aber heilsame Medizin verfehlt ihre Wirkung nicht, und Prinzessin
Rafaela bringt es schließlich über sich, dem Lehrmeister nicht nur nicht
zu grollen, sondern sie beglückt ihn sogar mit ihrer Hand und findet
im Bunde mit dem Manne ihrer Wahl ein, wenn auch spätes, so
doch dauerndes Glück. Die heitere, lebensfrohe und lebensprühende
Laune der geistvollen Dame, ihr seltener Witz und Esprit, ihr herz-
erquickender Stil eine Reihe gut erdachter Situationen, packende
Dialoge und jenes undefinirbare „Etwas", das der Eschstruth'schen

Muse eigen, gestalten auch „Ungleich" zu einer fesselnden und liebens=
würdigen Lektüre. 1894 erschien es in dritter Auflage.

Ueber den 1892 in 2 Bänden erschienenen Roman „Komödie"
urtheilt der bekannte Karl Schrattenthal (Professor Weiß): Da ist
im Stile, im Aufbau, in der Durchführung alles kraftvoll und flott,
es zeigt sich überall große Leichtigkeit im Produciren und große
Routine. Scheinbar ist dieser Roman nicht nach Marlitt's all=
bekanntem Rezept verfaßt, denn es wird uns nicht ein Aschenbrödel,
wie bei der Marlitt selig, vorgeführt, das schließlich seinen Märchen=
prinzen bekommt, sondern eine reiche Dame, der der Hochmuth den
Sinn verwirrt, und die sich, durch des Schicksals wuchtige Schläge
gebeugt, selbst zum Aschenbrödel macht, um dann in den Hafen des
Glückes einzulaufen; es ist, um mit der Verfasserin zu sprechen:
„Ein Drama nach modernem Geschmack, ein glänzend Stücklein des
sozialen Elends, welches voll Trug und Schein „droben" anfängt, um
„drunten" zu enden. Der ethische Grundzug des Werkes gipfelt
wohl in der Aeußerung des endlich nach so viel Jammer und
Drangsal durch echte Mannesliebe belohnten Weibes: „Ich habe nicht
viel in der Welt gelernt, Hans, aber eine Erfahrung habe ich zu
meiner Ueberzeugung gemacht, die, daß der vornehmste Adel derjenige
des Verdienstes ist!"

Die Erzählung „Verbotene Früchte" (1892) hat, wie alle
Werke der so schnell beliebt gewordenen Verfasserin, eine enthusiastische
Aufnahme gefunden.

Wir haben hier nur die Hauptwerke von Nataly von Eschstruth
hervorgehoben. Eine fast ebenso große Anzahl von Romanen, Gedicht=
sammlungen, Humoresken könnten wir, wenn der Raum es gestattete,
rühmend erwähnen. Schon in jungen Jahren in die Litteratur ein=
geführt, hat sie sich jetzt einen dauernden Platz darin erworben. Wir
haben die Gewähr, daß wir noch manche reife Frucht von der
Dichterin erwarten dürfen. Ihr ernstes Streben nach Vollendung
und ihr dem Idealen zugewandter Sinn bürgen dafür. Gegenwärtig
lebt sie, mit Herrn von Knobelsdorf=Brenkenhoff verheirathet, in
Schwerin in Mecklenburg.

Wilhelm Johann Albert Freiherr von Tettau.

Wilhelm von Tettau, der älteste Sohn des Oberlandesgerichts-
präsidenten und Generallandschaftsdirektors von Westpreußen Ernst
Alexander von Tettau und dessen Gemahlin Auguste Freiin von
Schleinitz, ward geboren am 20. Juni 1804 zu Marienwerder. Nachdem er seine erste Ausbildung auf dem Friedrich-Wilhelms-Gymnasium
und dem Grauen Kloster zu Berlin, sowie auf dem Gymnasium zu
Marienwerder empfangen hatte, widmete er sich auf den Universitäten
zu Königsberg, Berlin und Göttingen dem Studium der Jurisprudenz
und Staatswissenschaft. Daneben betrieb er mit Eifer geschichtliche
Studien und war Mitglied der historischen Seminare zu Königsberg
unter Schubert und zu Berlin unter Ranke, welcher letztere, mit dem
er auch noch später in Verbindung stand, besonders bedeutenden Einfluß auf ihn ausübte. 1826 trat er, zum Zweck seiner praktischen
Ausbildung als Auskultator bei dem Oberlandesgericht zu Marienwerder ein und bald nach seiner Beförderung zum Referendarius
1828 in gleicher Eigenschaft zur dortigen Regierung über. 1831
wurde er provisorisch, 1833 definitiv zum Landrath des Kreises Konitz
ernannt und 1837 als Hilfsarbeiter an das Ministerium für Ge-
werberegelungen einberufen. Nachdem er im Auftrage der Königlichen
Ministerien des Innern und der Finanzen 1838 und 1839 die sehr
verworrenen Verhältnisse der Stadtgemeinde Elbing geordnet, erfolgte
seine Ernennung zum Rath bei der Regierung zu Liegnitz, in welcher
Eigenschaft er unter andern den Entwurf zu einer Landgemeindeord-
nung für die Provinz Schlesien anfertigte, eine Arbeit, welche ihm
den rothen Adlerorden dritter Klasse mit der Schleife einbrachte, obwohl er sich erst seit etwa einem Jahre im Besitz der vierten Klasse
dieses Ordens befand. 1830 erfolgte seine Ernennung zum Ober-
Regierungsrath und Dirigenten der Abtheilung des Innern bei der
Regierung zu Erfurt, in welcher Stellung er 1875 sein fünfzigjähriges
Dienstjubiläum beging. Bei diesem Anlaß erhielt er den Kronen-
Orden zweiter Klasse. Bis 1881 verblieb er in dieser Stellung,
wurde bei Gelegenheit der neuen Organisation der Verwaltungsbehörden
zur Disposition gestellt und 1886 pensionirt. Auch in seiner Stellung
als Oberpräsident (?) hat er sich vielfache Verdienste erworben, so 1848
als Oberführer der Bürgerwehr um die Aufrechterhaltung der Ordnung

in der Stadt Erfurt, 1849 durch die Gründung des Handwerker-Vor=
schußvereins, eines Kunstvereins und eines Vereins für Geschichte und
Alterthumskunde daselbst.

Seine besondere Theilnahme hat er dem Erfurter Gartenbau ge=
widmet, und wenn auch eine von ihm in Gemeinschaft mit dem
General = Gartendirektor Lenné in's Leben gerufene Gärtnerlehranstalt
in Erfurt in Folge ungünstiger Verhältnisse nach einigen Jahren wieder
eingegangen ist, so hat er doch seit 1872 ununterbrochen an der Spitze
des dortigen Gartenbauvereins gestanden und bei den von diesem
veranstalteten Ausstellungen die oberste Leitung gehabt. Ebenso leitete
er 1878 die Ausstellung von Arbeitsmaschinen für das Kleingewerbe.
Seit Einführung der Synodalordnung hat er dem Kirchenvorstande
seiner Parochie, sowie der Kreissynode angehört, als 1887 die
landeskirchliche evangelische Vereinigung für Deutschland in Erfurt
ihre Generalversammlung abhielt. Ebenso hat er in dem Comité zur
Begehung der vierhundertjährigen Feier von Luthers Geburt 1883
den Vorsitz geführt, an der Bildung des Vereins für Reformations=
geschichte, sowie des evangelischen Bundes theilgenommen. 1841 er=
folgte seine Ernennung zum Ehrenritter des Johanniterordens. Die
Königliche Akademie gemeinnütziger Wissenschaften erwählte ihn 1848
zum Mitgliede, 1852 zum Vicepräsidenten, ein Amt, das er seitdem
ununterbrochen bekleidet hat. Die Universität Halle verlieh ihm die
Würde eines Ehrendoktors der Philosophie, auch hat er der historischen
Kommission für die Provinz Sachsen von deren Errichtung ab als
Mitglied angehört.

Groß ist die Zahl der wissenschaftlichen und gewerblichen Vereine,
die ihn zum Ehren= oder korrespondirenden Mitgliede ernannt haben.
Dahin gehört u. A. die Gesellschaft für finnische Litteratur zu Helsing=
fors, eine Auszeichnung, die um so bedeutender ist, als sie nur sehr
wenigen Gelehrten Deutschlands zu Theil geworden ist. Ferner die
Königliche deutsche Gesellschaft zu Königsberg, die Gesellschaft für
schlesische Kultur zu Breslau, die Gesellschaft für pommersche Geschichte
und Alterthumskunde zu Stettin, der Alterthumsverein zu München,
der allgemeine ärztliche Verein von Thüringen, die landwirthschaftlichen
Vereine Waldschlößchen und für das Fürstenthum Eichsfeld zu
Heiligenstadt, der Gewerbe=, der Innungs=, der Handwerkervorschuß=

Verein, der Wilhelms-Verein comp. Krieger, das Bürger-Schützencorps
zu Erfurt. Die Städte Conitz, Liegnitz, Erfurt und Weißensee haben
ihm ihr Ehrenbürgerrecht verliehen.

Auf dem Gebiete der historischen Litteratur hat sich von Tettau
durch seine in jeder Hinsicht werthvollen Schriften einen bedeutenden
Namen gemacht. Wir lassen diese seine Werke in chronologischer
Anordnung folgen.

Ueber die Glaubwürdigkeit der Chronik des Simon
Grunau. Ein Beitrag zur Kritik der preußischen Geschichtsschreiber
(Königsberg 1836). Es ist hierin nachgewiesen, daß die Erzählungen
Grunaus von den alten Preußen nicht, wie Joh. Voigt in seiner
Geschichte Preußens behauptet, Erfindungen desselben seien, sondern
auf Volksüberlieferungen beruhen. Die Schrift wurde durch des
Verfassers Sammlung preußischer Volkssagen veranlaßt. — Die
Volkssagen Ostpreußens, Litthauens und Westpreußens.
In Gemeinschaft mit J. D. H. Temme herausgegeben (Berlin 1837,
neue Ausgabe ibid. 1865). Temme hatte zwar die erste Anregung
zur Herausgabe gegeben, doch rührten die Einleitung und der größere
Theil der gesammelten Sagen von Tettau her. — Ortschaftsver=
zeichniß des Regierungsbezirks Liegnitz im Auftrage der
Königlichen Regierung bearbeitet (Liegnitz 1846). Auch unter dem
Titel: Topographisch = statistische Uebersicht des Regierungsbezirks
Liegnitz, zweite Abtheilung. Die erste Abtheilung ist nicht erschienen,
weil der Verfasser, noch bevor er sie bearbeitet, von Liegnitz fortkam.
— Ueber das staatsrechtliche Verhältniß von Erfurt zum
Erzstift Mainz (Erfurt 1860). Es wird nachgewiesen, daß die
Stadt Erfurt selbst, wenn auch faktisch zeitweise so gut wie ganz un=
abhängig, doch seit der Zeit der sächsischen Kaiser sich rechtlich in
einem Abhängigkeitsverhältniß vom Erzstift Mainz befunden, daß da=
gegen die Besitzungen derselben — das Gebiet —, wenn es auch nur
zum kleineren Theil reichsunmittelbar war und sich meistens im Lehns=
verhältnisse zu den thüringisch=sächsischen Fürsten oder anderen Herren
befunden, doch mit den Kurfürsten von Mainz bis zur sogenannten
Reduktion von 1664 gar nichts zu thun gehabt haben. In dieser
sehr werthvollen Abhandlung ist der bis dahin in vielen Partei=
schriften sehr einseitig behandelte Gegenstand zum ersten Male mit

großer Gründlichkeit und umsichtiger Kritik beleuchtet worden. Der berühmte Historiker H. Leo sagt (Vorlesungen über die Geschichte des deutschen Volkes und Reichs, Band V, S. 1057): „Herr von Tettau hat diese (Zwitter-) Stellung der Stadt Erfurt mit meisterhafter Klarheit dargelegt." —

Die Reduktion von Erfurt und die ihr vorausgegangenen Wirren (1647—1665) nach meist handschriftlichen und amtlichen Quellen dargestellt. Mit einem Urkundenbuche und einem Plan (Erfurt 1863). Enthält die Geschichte der inneren Zwistigkeiten in Erfurt und die Streitigkeiten der Stadtverwaltung und der Bürger unter einander und mit dem Kurfürsten Johann Philipp von Mainz seit dem Ende des dreißigjährigen Krieges, sowie die Geschichte der Belagerung und Eroberung der Stadt durch die Mainzischen Truppen und deren Verbündete, sowie der in Folge dessen eingetretenen Veränderung in der Verfassung der Stadt mit Entziehung aller bis dahin derselben zugestandenen Rechte und ihres ganzen Besitzes. — Der Meister und die Kosten des Gusses der großen Domglocke zu Erfurt. Mit 3 Steindrucktafeln (Erfurt 1866), Nachträge dazu, ibid. 1867. Die Schrift enthält den Nachweis, daß Gerhard de Wou von Kampen der Gießer sei, giebt die sonstigen Werke desselben und seiner Angehörigen an, schildert die Geschichte des Gusses und beschreibt die Glocke. Die noch vorhandene Rechnung über den Glockenguß wird mitgetheilt und erläutert. — Ueber die Quellen, die ursprüngliche Gestalt und die allmählige Umbildung der Erzählung von der Doppelehe eines Grafen von Gleichen. Ein kritischer Versuch (Erfurt 1868). Der Verfasser beweist, daß die Erzählung erst im 16. Jahrhundert erscheine und auch in den ältesten Aufzeichnungen nicht von einem Kreuzzuge, sondern von einem Türkenkriege die Rede sei, auch von einer gesetzlich sanctionirten Doppelehe sich nichts darin finde. Wahrscheinlich sei Graf Sigismund I. von Gleichen der Träger der Erzählung. Durch die beigefügten Regesten desselben wird ermittelt, in welcher Zeit die Sache vorgefallen sein müßte. Als Beilagen die ältesten Berichte über den Gegenstand. — Erfurt in seiner Vergangenheit und Gegenwart. Historisch-topographischer Führer durch die Stadt (Erfurt 1868). Kurze Geschichte und Beschreibung

10*

von Erfurt, ursprünglich zur Festschrift für die Generalversammlung des Centralvereins der deutschen Geschichtsvereine bestimmt. —

Erlebnisse eines deutschen Landsknechts (1484—1493) von ihm selbst beschrieben. Ein Beitrag zur Geschichte des schwarzen Heeres. Zum ersten Mal herausgegeben und erläutert (Erfurt 1869). Autobiographie eines Erfurters, der unter König Matthias Corvinus in Ungarn bei der sogenannten schwarzen Garde gedient hat, nebst Untersuchung über die verschiedenen Söldnerschaaren, die diesen oder einen ähnlichen Namen geführt haben. — Ueber einige bis jetzt unbekannte Drucke aus dem 15. Jahrhundert. Ein Beitrag zu der Bibliographie der älteren deutschen Litteratur und zur vergleichenden Sagenkunde (Erfurt 1870). Die qu. Drucke enthalten: Die Königin von Frankreich, die vom Marschall verleumdet wird. — Der König im Bade. — Ritter Morgeners Wallfahrt. — Die Historie vom Grafen von Savoyen. — Der Bauern Lob. Angabe des Inhalts und Analyse identischer oder verwandter Erzählungen. —

Beiträge zu den Regesten der Grafen von Gleichen. I. Abtheilung bis 1300 (Erfurt 1871). II. Abtheilung 1301—1631 (Erfurt 1881). Es sollen zwar eigentlich nur Nachträge zu dem von Helbach im Archiv für Geographie u. s. w. der Grafschaft Gleichen mitgetheilten Urkunden-Verzeichnisse sein, die Beiträge sind jedoch viel reichhaltiger geworden wie das, woran sie anknüpfen. — Ueber die epischen Dichtungen der finnischen Völker, besonders die Kalewala (Erfurt 1873). Zweck der Schrift ist, die epischen Dichtungen der finnischen Völker (Finnen und Esthen) vorzugsweise der Kalewala und der Kalewipong und deren Inhalt zu besprechen, besonders aber darzuthun, daß die Kalewala kein einheitliches Gedicht ist, sondern, wie sie jetzt vorliegt, aus mehreren selbständigen Gedichten besteht, die durch den Sammler und ersten Herausgeber Lönrott willkürlich zusammengefügt sind. Diese Arbeit brachte dem Verfasser die Ehre ein, von der Gesellschaft für finnische Litteratur zu Helsingfors zum Mitgliede ernannt und zur Feier ihres Jubiläums eingeladen zu werden. Die Schrift ist von der Kritik sehr wohlwollend aufgenommen. — Urkundliche Geschichte der Tettau'schen Familie in den Zweigen Tettau und Kinsky. Mit 1 Holzschnitt (Berlin 1875). Enthält die Geschichte der Familie von ihrem ersten

Erscheinen im 9. Jahrhundert bis auf die Gegenwart und wurde von der Kritik als ein klassisches Werk in seiner Gattung bezeichnet. Hierzu erschienen 1889 in Berlin: Nachträge und Berichtigungen. — 1883 erschien in Erfurt: Uebersichtliche Zusammenstellung der in Erfurt und dessen Umgegend gefundenen vorgeschichtlichen Gegenstände. — Beiträge zu einer vergleichenden Topographie und Statistik von Erfurt (Erfurt 1885). Das Werk enthält alles auf Topographie und Statistik der Stadt bezügliche, was sich nicht in denjenigen Schriften findet, die den gegenwärtigen Zustand darstellen sollen, also: frühere Eintheilungen, Straßennamen, aufgehobene Klöster, verschwundene Kirchen, Privat- und öffentliche Gebäude sowie Befestigungen, Einwohnerzahl und Religionsverhältnisse in früheren Zeiten u. s. w. — Geschichtliche Darstellung des Gebietes der Stadt Erfurt und der Besitzungen der dortigen Stiftungen (Erfurt 1886). Nach Kategorien, namentlich dem staatsrechtlichen Verhältniß geordnete Aufzählung der verschiedenen zum Erfurter Territorium gehörigen Orte, der ursprünglichen Zugehörigkeit und Geschichte derselben seit ihrem ersten Erscheinen. — Als Auszug aus der oben angeführten Schrift: Die Reduktion von Erfurt 2c. erschien in den Neujahrsblättern, herausgegeben von der historischen Kommission der Provinz Sachsen (Halle 1887): Erfurts Unterwerfung unter die Mainzische Landeshoheit (1648—1664). — Beiträge zur Kunstgeschichte von Erfurt (Erfurt 1889). Enthält: Die Künstlerfamilie Friedemann. Biographische Nachrichten von dieser, vorzugsweise aus Bildhauern bestehenden Familie. Hans Brosamer, Maler, Kupfer- und Formenstecher. Biographisches über ihn und Aufzählung seiner bekannten Gemälde, Kupfer- und Holzschnitte. — Ueber des Grafen Don Frances von Viamonte handschriftliche Chronik von Spanien von 1516—1528. Erfurt 1890. Enthält detaillirte Angabe und Beurtheilung dieses halb und halb humoristischen Geschichtswerkes. War nach einer in Tettau's Besitz befindlichen altspanischen Handschrift für den litterarischen Verein in Stuttgart bearbeitet, ist aber dort nicht gedruckt, weil inzwischen die Schrift bereits im Druck erschienen war. — Beschreibende Darstellung der älteren Bau- und Kunstdenkmäler der Stadt Erfurt und des Erfurter

Landkreises (Halle 1890). Wurde im Auftrage der historischen
Kommission der Provinz Sachsen bearbeitet und dürfte von allen von
Tettau verfaßten Büchern das bedeutendste sein. — Ohne Angabe
seines Namens ist von ihm erschienen: Geschichtliche Erläute-
rungen zu den Wandgemälden im Festsaale des Rath-
hauses in Erfurt (Erfurt 1882). — Gustav Schmidt. Ein
Blatt der Erinnerung für seine Freunde (Erfurt 1868).

Louis Ferdinand Freiherr von Eberstein.

Ein hochbedeutender Forscher auf dem Gebiete der abligen
Familiengeschichte ist uns am 6. August 1893 durch den Tod ent-
rissen. Rastlos und mit Anwendung größter Mühen und Geldopfer
hat er die Geschichte der Eberstein'schen Familie erforscht und in einer
Reihe sehr werthvoller Publikationen die Resultate seiner Studien
niedergelegt. Wohl selten hat ein abliges Geschlecht solche bedeutsamen Nachrichten aufzuweisen, und nie wieder vielleicht wird sich ein
Familienglied finden, welches mit solchen Opfern diese Nachrichten auf-
sucht und in solch uneigennütziger Weise veröffentlicht, wie Louis
Ferdinand Freiherr von Eberstein.

Unser Autor war das zweite Kind und der älteste Sohn des
Königl. Preuß. Majors a. D. Gustav Adolf Freiherr von Eberstein
und der Juliane Bernhardine Henriette geb. Stief und wurde am
16. Januar 1826 auf dem Schlosse zu Groß-Leinungen geboren und
in der evangelischen Kirche erzogen und konfirmirt. Zuerst durch
Hauslehrer und den Ortsgeistlichen sowie durch den Pfarrer zu Pans-
felde (von Bürger in seiner Ballade Taubenheim genannt) unterrichtet, besuchte Ferdinand mit seinem Bruder Moritz seit 1837 die
Realschule in Nordhausen.

Die Mitglieder der Familie Eberstein haben sich von jeher dem
Kriegerstande gewidmet, auch jetzt noch gehören dieselben fast ohne
Ausnahme demselben an. Da sich Ferdinand mit Vorliebe der
Mathematik und den Naturwissenschaften gewidmet hatte, so faßte er
den Entschluß, in das Königl. Preuß. Ingenieur-Corps einzutreten.
1842 ging er aus der 1. Klasse der Realschule zu Nordhausen ab,
um in Hinsicht auf seinen erwählten Beruf seine Studien zunächst

im elterlichen Hause fortzusetzen. Um noch einige Lücken auszufüllen
ging er 1843 nach Magdeburg, wo er durch Militär- und Civillehrer
weiter geführt wurde. Nachdem er im Herbst d. J. die Portepee-
fähnrich-Prüfung bestanden hatte, wurde er bei der 3. Pionier-Abtheilung zu Magdeburg als Einjährig-Freiwilliger eingestellt und der
Mineur-Sektion der 2. Kompagnie zugetheilt. Daselbst wurde er
1844 Vize-Unteroffizier und kurz darauf Unteroffizier. 1844 kam er
auf die Königl. vereinigte Artillerie- und Ingenieur-Schule zu Berlin,
erlangte die Charge eines Portepeefähnrichs und avancirte, nachdem er
das Armeeoffizier-Examen absolvirt hatte, 1846 zum aggr. Seconde-
Lieutenant zweiter Ingenieur-Inspektion. Darauf wurde er zur dritten
Pionier-Abtheilung in Magdeburg zur Dienstleistung kommandirt.

Am 8. August 1848 verheirathete sich Ferdinand zu Nordhausen
mit Dorothea Charlotte Amalie, des Friedr. August Karl Stockmann,
Rittergutsbesitzers und vormaligen Justizkommissars und Stadtraths
(Neffen des Leipziger Professors der Jurisprudenz, Comitis Palatini,
Kaiserl. gekrönten Dichters, der latein. Gesellschaft zu Jena Mitglieds
und Domherrn zu Naumburg Dr. Aug. Cornelius Stockmann) —
einzigem Kinde. Nachdem er 2¼ Jahre bei den Pionieren gestanden,
wurde er zum Fortifikationsdienst nach Wittenberg versetzt und am
31. Dezember 1853 zum Premier-Lieutenant ernannt, wovon ihm die
Mittheilung am 10. Januar 1854 zu Nordhausen gerade in dem
Augenblick zukam, als seines Vaters Sarg geschlossen wurde. Darauf
nach Stettin versetzt, leitete er vom 12. Februar 1854 an die Festungs-
und Garnison-Neubauten daselbst.

Bei den Armirungsarbeiten der Festung Wittenberg, die Eberstein den ganzen Tag bis tief in die Nacht hinein in bösartiger, auch
unter den Erdarbeitern mehrfach Fieber erzeugender Sumpfluft an-
gestrengt beschäftigten, zog er sich ein Brust- und Halsleiden zu, gegen
welches er im Sommer 1852 die Bäder in Ems vergeblich gebrauchte,
und welches darauf ebenso erfolglos von dem Geh. Medizinalrath
Professor Krukenberg in Halle a/S. behandelt wurde. Die vom
10. April bis August 1853 zu Elgersberg im Thüringer Walde an-
gewandte Wasserkur allein war im Stande, dem Fortschreiten des
Uebels Einhalt zu thun. Zu seiner völligen Wiederherstellung war
ihm anempfohlen, nach gebrauchter Kur den Winter hindurch jede

dienstliche Anstrengung zu vermeiden. Die wieder erlangten Kräfte
ließen ihn jedoch hoffen, der ihm angerathenen Schonung nicht weiter
zu bedürfen. Allein durch die Versetzung nach Stettin mitten im
strengen Winter 1854 trat das noch nicht vollständig gehobene Uebel
wieder so stark auf, daß er (mit günstigem Erfolge) die Bäder Marien-
bad und Elgersburg gebrauchen mußte. Als jedoch nach zwei Jahren sein
altes Uebel abermals einen höheren Grad erlangt hatte, kam er um
seinen Abschied ein, den dann auch Se. Majestät der König mittelst
Allerhöchster Kabinets-Ordre vom 1. November 1856 ihm mit dem
Charakter als Hauptmann, der Erlaubniß zum Tragen der Armee-
Uniform und der gesetzlichen Pension zu ertheilen geruhte.

Den Winter von 1856 bis 1857 brachte Eberstein mit seiner
Familie bei seinem Schwiegervater in Auleben zu und zog am
8. April 1857 nach dem kaum eine Meile von Auleben entfernt
liegenden Sondershausen wegen der dortigen guten Schulen aus Rück-
sicht auf seine nun heranwachsenden Söhne. Hier besserte sich sein
Gesundheitszustand von Jahr zu Jahr. Nachdem er seinen Dienst-
abschied genommen, hat er fast seine ganze frei Zeit dazu benutzt, die
bereits durch den Grafen Ernst Friedrich, den Minister Karl Theodor
und den Hofrath Wilhelm von Eberstein angeregte urkundliche Er-
forschung der Eberstein'schen Familiengeschichte aus den noch in
Archiven verborgenen Quellen zu vervollständigen und womöglich zu
einem Ganzen zusammenzufassen.

So viel werthvolles Material nun auch in dieser Beziehung noch
zu Anfang des Jahrhunderts und selbst noch in den dreißiger Jahren
vorhanden gewesen war und eine so treffliche Unterlage und vor-
bereitende, den Weg weisende Hilfe und Erleichterung solches einem
an die Bearbeitung der Familiengeschichte Gehenden auch gewährt
haben würde: so stand indessen davon bei Beginn von Ferdinands
Forschungen ihm wenig zu Gebote. Er mußte in Wahrheit ganz von
vorn beginnen. Aus diesem Anlaß war er von Anfang an auf
sein eigenes Forschen und Prüfen, auf das Sprechenlassen des urkund-
lich Feststehenden und nicht auf das bloße Kompiliren unsicherer Traditionen angewiesen. So hat er auch die Irrthümer und Unklarheiten
seiner Vorgänger glücklich vermieden, ohne daß er das Verdienst dieser
Vorarbeiten unterschätzte.

In Sondershausen frischte Ferdinand von Eberstein zunächst seine lateinischen Sprachkenntnisse wieder auf, da er einsah, daß ohne solche von einer wirklichen eigenen Urkundenforschung keine Rede sein könne, und daß er sonst statt aus der unmittelbaren Quelle immer nur aus abgeleiteten Seitenbächen Ungewisses und Ungenaues zu schöpfen im Stande sein würde. Nachdem er sich darauf aus den Bibliotheken, namentlich der Gräflich Stolberg'schen in Wernigerode und Kassel leihweise und durch den kenntnißreichen Buchhändler Ferdinand Förstemann in Nordhausen (Vetter des Dresdener Ober=Bibliothekars Hofrath Professor Förstemann) käuflich die nöthigen Werke verschafft hatte, machte er sich direkt auf, die ihm Ausbeute versprechenden Archive zu benutzen. So begab er sich nach Fulda, Hanau, Kassel, Dresden und setzte sich in der Folge ebenso mit den übrigen Archiven zu München, Würzburg, Bamberg, Nürnberg, Darmstadt, Mainz, Magdeburg und Berlin in Verkehr.

Als während des Feldzuges im Dezember 1870 die verabschiedeten Offiziere zur Leistung von Kriegsdiensten aufgefordert wurden, meldete sich von Eberstein sofort dazu und diente bis nach dem Friedensschlusse als Kompagnie=Führer im Garnison=Bataillon Nr. 71 in Erfurt.

Am 17. Oktober 1873 erfolgte die Uebersiedlung nach Kassel in der Erwartung, daß der damals noch in Selekta des Berliner Kadettenhauses befindliche dritte Sohn Botho zu dem in Kassel stehenden 83. Infanterie=Regiment kommen werde (der älteste wurde in dieser Zeit als Referendar bei dem Kasseler Appellationsgericht angestellt) dies war jedoch nicht der Fall (Botho wurde in das 78. Infanterie= Regiment versetzt). Hier in Kassel verlor von Eberstein am 2. April 1874 seine Frau durch den Tod, worauf er am 22. September 1874 nach Hasserode bei Wernigerode am Harze zog, damit der jüngste Sohn Eberhard einen mütterlichen Anhalt an seiner dort lebenden Tante Charlotte Niemeyer haben möchte. Am 5. Oktober 1875 siedelte er nach Dresden und am 5. Januar 1884 nach Berlin über. Am 6. August 1893 starb er in Dresden.

15 Historische Vereine haben ihn zum Ehrenmitgliede, 9 zum korrespondirenden Mitgliede ernannt. Als Beweis der Anerkennung für die Veröffentlichung seiner Schriften wurden ihm verliehen: vom

Könige von Sachsen das Ritterkreuz I. Klasse des Königl. Sächsischen Albrechtsordens (am 16. Juni 1891); von dem Herzog von Anhalt die Ritter-Insignien I. Klasse des Herzogl. Anhaltischen Hausordens Albrecht des Bären (am 31. März 1892). Geschichtsforscher von Beruf und hohem Ruf sowie viele der Quellenforschung ergebene Vereine haben ihm ihre Anerkennung zu Theil werden lassen.

Die im Folgenden aufgezählten Werke von Eberstein's sind sämmtlich auf eigene Kosten gedruckt und im Buchhandel nicht zu haben. 1) Geschichte der Freiherren von Eberstein und ihrer Besitzungen (Sondershausen 1865); 2) Sechs Supplemente (Dresden 1878, 1879, 1880, 1883, Berlin 1885 und 1887) und 3) Beigabe (Wernigerode 1875, Dresden 1878 und 1883). 4) Fehde Mangolds von Eberstein zum Brandenstein gegen die freie Reichsstadt Nürnberg 1516—22 (Nordhausen 1868, Dresden 1879, Berlin 1887 und 1889). Ueber letzteres Werk urtheilte Heinrich Rückert: „Der etwas altmodisch weitschweifige Titel verbirgt einen der lehrreichsten und ergötzlichsten Beiträge zu der deutschen inneren Geschichte des 16. Jahrhunderts. Es ist uns kein anderes Quellenwerk bekannt von allen den bisher veröffentlichten, woraus sich ein so detaillirter, bis ins Einzelne verständlicher, lebendig und anschaulich gefärbter Einblick in die Verhältnisse zwischen dem Stegreifritterthum und den geordneten Gewalten um die Zeit der wiederholten Versuche, durch ewigen Landfrieden, Kammergericht und Reichsregiment Ordnung in Deutschland herzustellen, gewinnen ließe, wie aus diesen wenigen Bogen. Sie bestehen in einer fortlaufenden und vollständigen Serie von Archivalien aus dem ehemaligen Rathsarchiv in Nürnberg, woraus man die Entstehung, den Verlauf, den Ausgang und das letzte Verstummen einer an sich damals ganz alltäglichen, uns aber desto fremdartigeren Fehde einiger adeligen Schnapphähne gegen die Stadt Nürnberg vom Jahre 1516—30, man darf sagen, fast Stunde für Stunde verfolgen und studiren kann ꝛc. Der Herausgeber hat sich mit Recht darauf beschränkt in einem kurzen Prolog und noch kürzeren Epilog einmal seine eigene Anschauung über die Natur und Bedeutung der hier geschilderten Zustände, dann das Wesentliche, was zur inneren und äußeren Orientirung in der Sache und den Hauptpersonen gehört, beizubringen ꝛc." — 5) Entwurf einer zusammenhängenden Stammreihe des freifränkischen Geschlechts Eberstein (Berlin 1887). 6) Urkundliche Geschichte des reichsritterlichen Geschlechts Eberstein vom Eberstein auf der Rhön, 2. Ausgabe, 3 Bände (Berlin 1889). Der erste Band des 1200 Seiten starken Werkes behandelt „Die fränkischen Ebersteine von den in den ältesten Urkunden erscheinenden Vorvätern an bis auf Karl von Eberstein zu Marktsteinach", der um 1380 geboren ward; der zweite führt die Geschlechtsgeschichte bis auf Christian Ludwig von Eberstein, den 1650 geborenen Stifter der „Neuhäuser Linie"; der dritte endlich behandelt diese Neuhäuser Linie im Besonderen. Es sind indessen im ersten und zweiten Bande die verschiedenen Zweiglinien der fränkischen Ebersteine, welche zum Theil erloschen sind, zum Theil noch fortblühen, mit besprochen, so daß thatsächlich die Geschichtserzählung im ersten Bande bis über das Jahr 1600 hinausreicht, während sie im zweiten Bande, ebenso wie im dritten bis zu den jetzt noch lebenden Nachkommen des Geschlechts einschließlich geht. Das umfangreiche Werk will in erster Linie Familiengeschichte sein und nimmt als solches ein hohes Interesse bei den Ebersteinen und den zahlreichen mit diesen verschwägerten und blutsverwandten Sitzen rheinischer, hessischer, fränkischer, bayerischer, thüringischer, sächsischer und westfälischer Adelsgeschlechter in Anspruch. Anlage und Ausführung des Werkes machen es aber auch zu einem außerordentlich bedeutsamen für Fachgelehrte. 7) Historische Nachrichten über den Marktflecken Gehofen und die Aemter Leinungen und Morungen (Berlin 1889). 8) Korrespondenz zwischen dem Landgrafen Georg II. von Hessen-Darmstadt und seinem General-Lieutenant Ernst Albrecht von Eberstein (Berlin 1889). Wer die Geschichte des dreißigjährigen Krieges zu schreiben unternimmt, wird diesen Briefwechsel, der über die Ereignisse nach 1642 manches Neue bringt, nicht unbeachtet lassen dürfen. 9) Die von den fränkischen Ebersteinen innegehabten Besitzungen in ihrer Stammheimath und an der Elbsaale (Berlin 1890). Das Werk umfaßt drei Abschnitte, deren ersterer die Güter, Gefälle, Zinsen und Rechte der Ebersteine und der andere die Lehnsträger von 1116—1600 behandelt. Der dritte Abschnitt bietet ein chronologisches Verzeichniß der bis 1539 in Urkunden aufgeführten, von den fränkischen Ebersteinen in ihrer Stammheimath innegehabten Besitzungen. 10) Kriegsberichte des General=Feldmarschalls Ernst Albrecht von Eberstein aus dem zweiten Schwedisch= Dänischen Kriege (Berlin 1889 und 1891). Aeußerst wichtig für den, der sich mit der Geschichte jenes Krieges beschäftigt. 11) Be= schreibung der Kriegsthaten des General=Feldmarschalls Ernst Albrecht von Eberstein (Berlin 1890 und 1892). Für die leider noch sehr wenig durchforschte Brandenburgische Kriegs= geschichte des 17. Jahrhunderts bieten die hier beigebrachten Schilde= rungen des Dänisch=Schwedischen Krieges ein sehr reiches urkundliches, hier zum ersten Male veröffentlichtes Material, dessen sich die künftige Brandenburgische Kriegsgeschichtsschreibung zu bedienen haben wird. Das vortreffliche Werk, mit höchster Gründlichkeit verfaßt, ist als eine wahre Bereicherung der kriegsgeschichtlichen Litteratur zu bezeichnen.

So hat von Eberstein in seinen überaus werthvollen Werken nicht nur seinen Ahnherren ein stattliches Ehrendenkmal gesetzt, sondern auch der Wissenschaft in nicht genug anzuerkennender Weise gedient. Mögen die kommenden Geschlechter seinem opferfreudigen Fleiße nach= eifern! Der Dank aller Freunde der vaterländischen Kriegs= und Spezialgeschichte ist ihm für alle Zeiten gesichert. Exegit monumentum aere perennius.

Anton Freiherr von Perfall.

Anton von Perfall, geboren am 11. Dezember 1853 auf dem väterlichen Schlosse Greifenberg am Ammersee, ist der Bruder des Kölner Feuilletonisten und Romandichters Karl von Perfall und ein Neffe des Münchener Hoftheaterintendanten Karl von Perfall. Er be= suchte zunächst das Polytechnikum in München, aber die technischen Fächer, denen er hier oblag, konnten den feurigen, leidenschaftlich be= wegten Jüngling auf die Dauer nicht fesseln. Er ging daher zur dortigen Universität über, Philosophie und Geschichte studirend. Schon während dieser Zeit lernte er seine künftige Gattin, die berühmte Tragödin Magda Irschick kennen. Er zählte damals 24 Jahre. Als Gatte dieser hochbegabten Schauspielerin begleitete er dieselbe auf ihren ruhmreichen Künstlerfahrten durch Amerika bis San Franzisko und Mexiko, wobei mancher interessante Stoff für den späteren Roman=

dichter abfiel. Nach Europa zurückgekehrt, führte das Paar noch eine Zeit lang ein vielgestaltiges Wanderleben, bis es sich in dem stillen schönen Erdwinkel Schliersee niederließ. Seit 1885 lebte Anton von Perfall dort, sich ganz der schriftstellerischen Thätigkeit widmend. 1892 wurde er durch Verleihung der königl. bayrischen Ludwigsmedaille für Kunst und Wissenschaft ausgezeichnet.

Gar bald sind Perfall's Name und seine gediegenen Romane in der deutschen Leserwelt bekannt geworden. Erfüllt von Eindrücken und Erscheinungen aller Art, in der frischen, unverbrauchten Kraft und mit feuriger Phantasie begabt, schuf er ein Werk nach dem andern mit bewundernswerther Produktivität. Er ist ein Autor von jener kräftigen Art, die darauf hindrängt, die Bilder und Gestalten der Phantasie in knappen Strichen auf das Papier zu werfen, ein Autor, dem ein weiter Gesichtskreis und ein sicherer Blick für die Auswahl seiner Stoffe und ihre Durchführung im Einzelnen zu Gebote steht, und der es gerade dadurch versteht, seinen Werken den Stempel einer geschlossenen Eigenart aufzudrücken.

Von den etwa 15 Bänden wirklich guter, zum Theil recht volksthümlicher und darum schnell beliebt gewordener Erzählungen nennen wir mit Auszeichnung die Romane: Dämon Ruhm (1889), Gift und Gegengift (1890), Das Erdmannshaus (1890), den Novellencyklus: Auf Irrwegen der Liebe (1891), den Roman: Unterwühlter Grund (1891), das beste Werk, des seit Jahren im Genre oberbayerischer Gebirgserzählungen geschrieben ist. Prächtige Naturschilderungen wechseln mit meisterhaften Schilderungen von Land und Leuten, ihren Sitten, ihrem Wesen. „Was uns vor allem gefangen nimmt", urtheilt „Das Bayerland", „das ist der tiefe moralische Ernst, der sie durchweht, ist der bedeutungsvolle, wichtige Umstand, daß sie dem Leben abgelauscht ist, der frischen Gegenwart des Tages und ihren Verhältnissen entsprossen. Lebensvolle Wahrheit wird uns gegeben, kein phantastisches oder künstlich erklügeltes Gebilde, wie es eben die Laune des Dichters erfinnt. Zum Inhalt hat diese bedeutende Erzählung den Kampf des untergehenden freien Bauernthums gegen die Mißgunst der Verhältnisse, die Verderbniß und Verweichlichung des heranwachsenden Geschlechts. Die Vorgänge sind dem Leben abgelauscht. Was hier erzählt wird, das ereignet sich fortwährend mit geringeren Variationen.

Und doch ist es nicht ein gewöhnlicher Roman, sondern eher eine volkswirthschaftliche Studie, eine mahnende Predigt gegen den Zerfall der guten alten Sitte. Der Bauernstand des bayrischen Landes ist begeistert vertheidigt".

Die Perfall'schen Erzählungen — die erste erschien 1889 — eignen sich vorzüglich zur Unterhaltung und zur Belehrung für alle Stände. Sowohl der Adel wie der Bauernstand, Künstler und Gelehrte finden hier reiche Ausbeute für Kopf und Herz. Hätten die Romane Anton von Perfalls nur den vorübergehenden, zweifelhaften Werth, wie ihn leider hunderte moderner Erzählungen haben, dann würde der Autor an dieser Stelle nicht genannt sein.

Kurt von Rohrscheidt.

Kurt von Rohrscheidt ist uns allen, so hoffe ich, schon längst als Märchenerzähler und Dichter lieb und werth geworden. Drei Bände duftender Märchen und märchenartiger Erzählungen sind von ihm erschienen und hoffentlich in vielen deutschen Familien anzutreffen.

Beim Erscheinen der ersten Sammlung: Am deutschen Herd (Halle, G. Schwetschke 1880) wies G. E. Barthel in der Deutschen Dichterhalle in einem längeren Aufsatz empfehlend auf diese liebliche Gabe hin. Er sagt da u. a.: „Wußte ich doch, daß in diesem Buche all' die duftigen Frühlingsblüthen zarter Märchenpoesie, die uns „Konrad" oder „K. v. R." seit einiger Zeit in Halle'schen Blättern bot, zu einem schönen Strauße vereinigt sind! Ja, da sind sie und duften dir entgegen und sehen dich an mit ihren holden Blumenaugen und legen sich dir an's Herz und flüstern: „Laß mich ein!" O laß sie hinein, du großes, du erwachsenes Kind, alle, alle, denn dir blühen, dir duften sie alle! Und dann komm' her und wähle aus — etwa die Hälfte, und zeig' sie deinen kleinen Kindern; oder — wähle auch nicht aus, gieb sie ihnen alle, alle; denn sind auch solche darunter, bei denen das Kind fragen wird: „Was ist das?" — es wird sich doch an allen erfreuen, und keine einzige wird es mit einem vergiftenden Dufte betäuben. Kein einziges der Märchen wird ihm schaden, wie muthwillig es auch sei! Und es wird sich an allen erfreuen, wie wir großen Kinder uns auch an Dingen erfreuen, die wir nicht ver=

stehen und auch niemals verstehen lernen, ehe wir nicht hindurchge-
drungen sind aus dieser dunkeln Zeit in jene lichte Ewigkeit."

Barthel nennt ihn einen Nachfolger Andersen's, der, mit seinem
Vorgänger gleiche Pfade wandelnd, freien Fußes und erhobenen Hauptes
schreitet, nicht durch die fremde Brille, sondern mit eigenen, klaren
Augen blickend, und der mit festem und sicherem Griff aus Nesseln
und Dornen die echte Märchenblume pflückt. Rohrscheidt hat nicht nur
ein scharfes Auge für gutes Märchenmaterial, er hat auch ein feines
Ohr für die Sprache des Kindes bekundet und er besitzt ein feines
Herz, das diese Sprache wiederhallen läßt. Um dies zu beweisen,
wollen wir ein kleines Stück aus dem Märchen „Der Glockenmann"
hier wiedergeben:

„Es war ganz still in der Kammer. Der kleine Peter lag ruhig
in seinem Bettchen und schlief. Auf einmal tippte ihm Jemand leise
auf die Schulter und rief: „Du, wach auf!" — Und wie er die
Augen ganz verwundert aufmachte, sah er einen kleinen Kerl vor sich
auf seinem Bett sitzen, schier so groß wie sein Daumen. Aber vom
Kinn hing ihm ein mächtiger Bart, und auf der kleinen krummen Nase
saß eine riesige Hornbrille. — „Na, wer bist du denn?" fragte der
Knabe, als er zur Besinnung gekommen war und verwundert den
kleinen Kerl betrachtete. — „Ich bin der Glockenmann, der Glockenmann, und wohne dort in der Großvateruhr. Nachts um zwölf
darf ich 'raus, aber ich komme selten, habe zu viel zu thun, zu viel
zu thun, aber wenn ich komme, giebt's immer was zu sehen, paß
auf!" — — Und dabei bewegte er die Ohren, daß es knackte; der
kleine Knabe hörte es ganz deutlich: Tick! Tack! — — — Und nun
tanzten sie, es war ein Heidenspektakel. — Rrrrr — bum! sagte die
Uhr, und dann schlug sie eins. — Und wie der kleine Knabe hinauf-
sah, stand oben der Glockenmann und guckte noch einmal heraus. —
„Nicht wahr, das war prächtig?" sagte er. „Nun gute Nacht!" Damit
ging er in die Uhr hinein." —

Die zweite 1883 erschienene Märchensammlung: Sinnen und
Weben (Halle, Waisenhaus) schließt sich der vorhergehenden gleich-
berechtigt an.

Das Buch hat der Dichter seiner Mutter zugeeignet. Es enthält
20 größere und kleinere Märchen. So recht für kleinere Kinder ge-

eignet sind in dieser Sammlung die Märchen: Der Traumgott und
die Koboldmutter, Der Sternensamen, Des kleinen Knaben Weihnachts-
traum, Lieben und Leiden eines Billardballes u. a. Es sind genial
erfundene Bilder, Phantasien und Wahrheiten, die in scheinbar märchen-
haftes Gewand gehüllt sind und so irgend einen schönen Gedanken
zum Ausdruck bringen.

Die dritte Sammlung: Am Märchenbrunnen, neue Märchen
und Skizzen (Halle, Waisenhaus 1893), enthält 12 Stücke, von denen
9 Märchen und 3 Skizzen aus der altdeutschen Mythologie sämmtlich
recht geeignet für unsere Jugend sind.

Humor und Liebreiz zeigt sich auch in Rohrscheidt's 1893 bei
Baumert & Ronge erschienenen „Gedichten". Es ist ein stattlicher
Band von 242 Seiten. Man kann eigentlich von keinem der darin
enthaltenen Gedichte sagen, daß es verfehlt oder langweilig sei. Liebenswürdig ist alles, was uns dieser Dichter bietet vom einfachen Lied
bis zur größeren epischen Dichtung. Die Kritik hat in anerkennender
Weise sich auch über dieses Werk ausgesprochen. Die „Liebesklänge"
nehmen den größten Theil des Buches ein; sie unterscheiden sich von
der landläufigen Art der Liebeslieder durch den ernsten Ton, den sie,
wenn auch nicht überall, so doch meistens anschlagen. Rudolf von
Gottschall hat Rohrscheidts Dichtungen einer längeren Besprechung unter-
zogen. Die in der Sammlung enthaltenen reimlosen hymnenartigen
Gedichte, die an Heine's Nordseebilder gemahnen, hält Gottschall wegen
ihres großen Stils und großen Schwungs für das Beste, was Rohrscheidt gedichtet hat. „Die kühne Bildlichkeit," sagt er, „ist selten ge-
schmacklos; auch der Fortgang von großen Naturbildern zu intimen
Herzensempfindungen ist Heine'sche Art und Weise. So wenig der
Dichter dem Heine'schen Vorbilde ins Ungeregelte und Unharmonische
folgt, so hat er von Platen die Vorliebe für stolztönende, acht-
füßige Reimverse übernommen, und bald in den einen, bald in den
anderen feiert er den Held vom Sachsenwalde." Wir lernen ihn
in diesen Dichtungen als beachtenswerthen lyrischen, epischen und
dramatischen Dichter kennen und können diese Erzeugnisse einer aus
gereiften, in sich abgeschlossenen Dichternatur mit bestem Gewissen zu
dauerndem Genuß empfehlen. Nur eine Dichtung wollen wir hier als
Probe geben.

In der Heimath.

Ich stand auf der Höhe des Berges,
Von den Schultern der Nacht
Floß knapp und kokett,
Sich schmiegend an ihre üppigen Glieder,
Ihr sammetnes, sternenbesticktes Gewand.
In der Ferne
Tief unter mir tönten
Einer Flöte schmelzende Laute,
Und in dem Thale zu meinen Füßen,
Da lag die Welt und kniete vor Gott
Und betete fromm
Den Rosenkranz des Lenzes.
Ich stand auf der Heimath teurem Boden,
Nach langer schmerzvoller Irrfahrt kehrend
Zum Tempel meiner Kindheit.
Trüb und undeutlich lag in der Ferne
Die kleine Stadt, ihre weißen Giebel
Winkten verstohlen durch Morgengrauen.
Da strich ein Wind über den Berg,
Und mit den Geistern des Lichtes rangen
Die wallenden Nebel im Grunde des Thals.
Sie wogten und hoben vom Lager sich auf
Und zogen in krausen, wirren Gestalten
Ueber die rothaufglühenden Höhn.
Der Sonne erste Strahlen umspielten,
Wie die Krone eines Königs,
Der fernen Kirche ragenden Thurm,
Und über die Fluren schwebte
Weithin ein lächelnder Frühlingstag.
Ich schritt hinab
Durch die engen Gassen, ein müder Pilger,
Nach der kleinen Kirche und trat hinein.
Der Traum meiner Jugend umfing mich ganz.
Wie ehmals nickten die alten Bilder,
Zu denen ich einst hinaufgesehen
Mit heimlicher Scheu und klopfendem Herzen.
Wie ehmals hört ich die Klänge der Orgel,
Des alten tauben Küsters Choral,

11

Wie ehmals alles! Und doch wie anders!
Hier auf des Altars
Verwitterten Stufen,
Da kniete sie einst, mein schlankes Kind,
In weißem, jungfräulichem Kleide,
Von schmalem Sammet das Haar gefesselt,
Das herabfloß über den weißen Hals
Und das ganze liebe Gesichtchen umgab,
So daß es im Lockenkranz erschien,
Wie der alten niederländischen Meister
Kunstreiche Madonnen —
Bilder auf Goldgrund.
Hier fanden wir uns, du ewig Geliebte,
Zu seligem Glück,
Zu süßem Hoffen.
In den Tagen der Jugend,
Den Weihetagen,
Zog siegreich die Liebe
In unsere Herzen.

— — — — — — — — — —

Und nun vorbei!
Vorbei der Traum, das Band zerrissen,
Das wir doch knüpften für ewige Zeit!
Und ich hob das Haupt
Und rief:
„O du schwacher, elender Mensch,
Du heimatloser Strahl
Des ewigen Lichts,
Verbannter des Himmels,
Wie arm bist du!"
Da stieg die Sonne
Am Himmel hoch,
Und Ströme Lichtes füllten die Stätte;
Lichtgeister scheuchten in ihre Winkel
Die Geister der Nacht.
Allmächtiges Leuchten
Umfing die Gestalt
Des Gottessohnes am Kreuzesstamm,
Loderte auf am Dornenkranz,
Der das Haupt umgab

Des Welterlösers;
Und sieh, auch mein Herz,
Noch schmerzlich blutend,
Zerrissen vom Dorn der Erdennoth,
Das ward erfüllt
Von des Lichtes Abglanz,
Des Himmelslichtes
Heiligem Strahl.

Die 1894 bei Liebeskind in Leipzig veröffentlichte epische Dichtung: „Satans Erlösung" ist nach dem Urtheil Felix Dahn's „ganz vorzüglich und das Mittelmaß weit überragend." Nicht im Sinne unserer kirchlichen Lehre ist die Gestalt Satans und seine endliche Begnadigung von dem Dichter dargestellt. Sein Epos soll ja auch kein dogmatischer Wegweiser durch die Hölle sein, sondern seine Absicht bei dieser Dichtung ging dahin, uns im poetischen Gewande vorführen zu wollen, wie ein großer Geist aus selbstverschuldetem Elend sich befreien und zur Höhe, zur Erlösung durchdringen kann. Man lese diese gedankenreiche Dichtung, die sich durch ihren hohen sittlichen Ernst den besten lyrisch-epischen Dichtungen unserer neueren Litteratur gleichstellt, und man wird die Schöpfung dieses echten Dichters einer dauernden Beachtung würdigen.

Noch haben wir Einiges über Kurt von Rohrscheidt's äußere Lebensumstände hier anzufügen. Geboren am 23. November 1857 in dem durch Gustav Adolfs Opfertod berühmten Städtchen Lützen, besuchte er nach einander das Progymnasium in Weißenfels, das Gymnasium in Schulpforta und die Lateinische Hauptschule in Halle a. S., darauf die Universitäten Berlin, Tübingen und Halle, legte 1880 in Naumburg das Referendar-Examen ab, weilte zur praktischen Ausbildung in Freiburg a. U., in Halle und Naumburg und trat 1884 in den Dienst der allgemeinen Landesverwaltung. Die Zeit als Regierungs-Referendar brachte er in Erfurt und Halle zu, bestand 1887 das große Staats-Examen, worauf er als Regierungs-Assessor an die Königliche Regierung in Merseburg kam, deren Kirchen- und Schulabtheilung er gegenwärtig als Mitglied angehört. An wissenschaftlichen Werken veröffentlichte er: „Vom Zunftzwange zur Gewerbefreiheit in Preußen", „Die Polizeitagen und ihre Stellung in der Reichsgewerbeordnung", „Die Viehseuche-Gesetze für das

Deutſche Reich und für Preußen", ſämmtlich in C. Heymann's
Verlage in Berlin erſchienen. 1885 gab er mit G. Emil Barthel und
Adolf Brieger in Hendel's Verlage in Halle a. S. das große
„Sächſiſch-thüringiſche Dichterbuch" heraus, welches 1887 in
neuer Folge erſchien. Schon in dieſen beiden Werken hat er tüchtige
Proben ſeiner dichteriſchen Begabung abgelegt.